Droit des affaires :
instruments de crédit et de paiement

Logiques Juridiques

Fondée par Gérard Marcou
Dirigée par Jean-Claude Némery et Thomas Perroud

Le droit n'est pas seulement un savoir, il est d'abord un ensemble de rapports et pratiques que l'on rencontre dans presque toutes les formes de sociétés. C'est pourquoi il a toujours donné lieu à la fois à une littérature de juristes professionnels, produisant le savoir juridique, et à une littérature sur le droit, produite par des philosophes, des sociologues ou des économistes notamment.

Parce que le domaine du droit s'étend sans cesse et rend de plus en plus souvent nécessaire le recours au savoir juridique spécialisé, même dans des matières où il n'avait jadis qu'une importance secondaire, les ouvrages juridiques à caractère professionnel ou pédagogique dominent l'édition, et ils tendent à réduire la recherche en droit à sa seule dimension positive. À l'inverse de cette tendance, la collection « Logiques juridiques » des éditions L'Harmattan est ouverte à toutes les approches du droit. Tout en publiant aussi des ouvrages à vocation professionnelle ou pédagogique, elle se fixe avant tout pour but de contribuer à la publication et à la diffusion des recherches en droit, ainsi qu'au dialogue scientifique sur le droit. Comme son nom l'indique, elle se veut plurielle.

Dernières parutions

Romain FEYDEL, *La société en commandite spéciale. Essai en droit luxembourgeois,* 2022.
Cristina Elena POPA TACHE, *Vers un droit de l'âme et des bioénergies du vivant*, 2022.
Sabine NDZENGUE AMOA, *Le permis de construire dans le droit de l'urbanisme,* 2022.
Demba MBOW, *Le secret dans l'arbitrage international, Approche critique,* 2021.
Benoît GRÉMARE, *De l'arme nucléaire française. Essai sur la constitutionnalisation de la force de frappe,* 2021.
Gladys TREZENEM, *La dignité de la personne humaine et le juge administratif*, 2021.

Mon-espoir MFINI

Droit des affaires : instruments de crédit et de paiement

Préface d'Yvette Kalieu Elongo

L'Harmattan

5-7, rue de l'Ecole-Polytechnique, 75005 Paris

http://www.editions-harmattan.fr

ISBN : 978-2-343-25375-6
EAN : 9782343253756

PRÉFACE

L'ouvrage que vient de rédiger Monsieur Mon-Espoir MFINI est un ouvrage de synthèse, clair et simple comme il en existe peu en la matière. En effet, le droit des instruments de paiement et des instruments de crédit auquel l'ouvrage est consacré reste, malgré sa familiarité apparente, une matière assez technique, voire complexe. Il faut donc saluer le courage de l'auteur de s'être presque aventuré dans ce domaine. En moins de 100 pages, l'ouvrage présente les principaux moyens de paiement et de crédit couramment utilisés à savoir la lettre de change, le billet à ordre, le bordereau Dailly, le chèque, les cartes bancaires, le virement et les autres instruments tels que l'avis de prélèvement ou le titre universel de paiement. Cet ouvrage se base essentiellement sur le droit français contenu essentiellement dans le Code monétaire et financier français. Les instruments de paiement et surtout de crédit restent marqués par leur formalisme dont l'auteur relève dès l'entame les principales caractéristiques. Ensuite, il présente les règles essentielles qui les régissent les uns et les autres. Il insiste par ailleurs sur les évolutions qu'a connues ce domaine avec l'adoption de nouveaux instruments à côté de ceux que l'on pourrait qualifier de plus classiques. Il faut savoir gré à l'auteur, qui n'est pas à sa première publication, d'avoir rédigé cet ouvrage. Il reste à souhaiter que les lecteurs qu'ils soient universitaires ou professionnels y trouvent les clés essentielles pour aborder aussi bien le droit des instruments de paiement que celui des instruments de crédit.

Professeure Yvette KALIEU ELONGO
agrégée des Facultés de droit Professeure titulaire
Université de Dschang

PRINCIPALES ABRÉVIATIONS

Sources du droit (Codes, Constitutions…)

ACP = Ancien Code pénal
ACPC = Ancien Code de procédure civile
AUS = Acte uniforme portant organisation des sûretés
BGB = Bürgerliches Gesetzbuch (Code civil allemand)
CASF = Code de l'action sociale et des familles
C. assur. = Code des assurances
C. aviation = Code de l'aviation commerciale CCH = Code de la construction et de l'habitation
C. civ. = Code civil
C. com. = Code de commerce
C. communes = Code des communes
C. consom. = Code de la consommation Ccs = Code civil suisse
C. déb. boiss. = Code des débits de boissons
C. dom. Ét. = Code du domaine de l'État
C. dr. can. = Code de droit canonique
C. env. = Code de l'environnement
C. fam. = ancien Code de la famille et de l'aide sociale
C. for. = Code forestier
CGCT = Code général des collectivités territoriales CGI = Code général des impôts
Circ. = circulaire
C. minier = Code minier
CMF = Code monétaire et financier

C. Nap. = Code Napoléon (édition de 1804)
C. nat. = Code de la nationalité
C.O. = Code suisse des obligations Const. = Constitution
COJ = Code de l'organisation judiciaire
Conv. EDH = Convention européenne des droits de l'homme CPC = Code de procédure civile
CPCE = Code des procédures civiles d'exécution
C. pén. = Code pénal
CPP = Code de procédure pénale
C. propr. intell. = Code de la propriété intellectuelle
C. rur. = Code rural et de la pêche maritime CSP = Code de la santé publique
CSS = Code de la sécurité sociale
C. transp. = Code des transports
C. trav. = Code du travail
C. trib. adm. = Code des tribunaux administratifs et des cours administratives d'appel (ancien)
C. urb. = Code de l'urbanisme
D. = décret
D.-L. = décret-loi
DDH = Déclaration des droits de l'homme et du citoyen (1789) DUDH = Déclaration universelle des droits de l'homme et du citoyen L.= loi
LPF = Livre des procédures fiscales NC pén. = Nouveau Code pénal Ord. = ordonnance
réd. L. 9 avr. 1898 = rédaction de la loi du 9 avril 1898
Rép. min. = réponse ministérielle écrite.

Publications (Annales, Recueils, Répertoires, Revues, Grands arrêts…)

Act. proc. coll. = Actualité des procédures collectives civiles et commerciales Administrer = Revue Administrer

AIJC = Annuaire international de justice constitutionnelle AJDA = Actualité juridique de droit administratif AJPI = Actualité juridique de la propriété immobilière ALD = Actualité législative Dalloz

Ann. dr. com. = Annales du droit commercial

Annuaire fr. dr. int. = Annuaire français de droit international Ann. propr. ind. = Annales de la propriété industrielle

Arch. phil. dr. = Archives de philosophie du droit Arch. pol. crim. = Archives de police criminelle ATF = Annales du Tribunal fédéral (Suisse)

BJE = Bulletin Joly Entreprises en difficulté

BOCC = Bulletin officiel de la concurrence et de la consommation BOSP = Bulletin officiel du service des prix

Bull. cass. ass. plén. = Bulletin des arrêts de la Cour de cassation (assemblée plénière)

Bull. civ. = Bulletin des arrêts de la Cour de cassation (chambres civiles) Bull. crim. = Bulletin des arrêts de la Cour de cassation (chambre criminelle) Bull. Joly Sociétés = Bulletin mensuel Joly Sociétés

Cah. dr. auteur = Cahiers du droit d'auteur Cah. dr. entr. = Cahiers de droit de l'entreprise Cah. dr. eur. = Cahiers de droit européen

CJEG = Cahiers juridiques de l'électricité et du gaz

Comm. com. électr. = Communication Commerce électronique

JCP E = Jurisclasseur périodique (semaine juridique), édition entreprises JCP G = Jurisclasseur périodique (semaine juridique), édition générale JCP N = Jurisclasseur périodique (semaine juridique), édition notariale JDI = Journal de droit international (Clunet)

JO = Journal officiel de la République française (lois et règlements)

JOAN Q/JO Sénat Q = Journal officiel de la République française (questions écrites au ministre, Assemblée nationale, Sénat)
JOCE = Journal officiel des Communautés européennes
JO déb. = Journal officiel de la République française (débats parlementaires) Journ. not. = Journal des notaires et des avocats
JTL = Journal des Tribunaux Luxembourg LPA = Les LPA
Lebon = Recueil des décisions du Conseil d'État Quot. jur. = Quotidien juridique
RJDA = Revue de jurisprudence de Droit des Affaires (Francis Lefebvre)
RFD aérien = Revue française de droit aérien
RD bancaire et bourse =Revue de droit bancaire et de la bourse RD bancaire et financier = Revue de droit bancaire et financier RDC = Revue des contrats
RDI = Revue de droit immobilier RDP = Revue du droit public
R. dr. can. = Revue de droit canonique RD rur. = Revue de droit rural
RDSS = Revue de droit sanitaire et social RD uniforme = Revue du droit uniforme
Rec. CJCE = Recueil des arrêts de la Cour de justice des Communautés européennes Rec. Cons. const. = Recueil des décisions du Conseil constitutionnel
Rec. cours La Haye = Recueil des cours de l'Académie de droit international de La Haye
Rép. civ. Dalloz = Répertoire Dalloz de droit civil
Rép. com. Dalloz = Répertoire Dalloz de droit commercial Rép. pén. Dalloz = Répertoire Dalloz de droit pénal
Rép. pr. civ. Dalloz = Répertoire Dalloz de procédure civile Rép. sociétés Dalloz = Répertoire Dalloz du droit des sociétés Rép. trav. Dalloz = Répertoire Dalloz de droit du travail

Rev. arb. = Revue de l'arbitrage
Rev. crit. = Revue critique de législation et de jurisprudence Rev. crit. DIP = Revue critique de droit international privé Rev. dr. fam. = Revue du droit de la famille
D. = Recueil Dalloz
DA = Recueil Dalloz analytique
D. Aff. = Dalloz Affaires
Dalloz Jur. gén. = Dalloz Jurisprudence générale DC = Recueil Dalloz critique
Defrénois = Répertoire général Defrénois DH = Recueil Dalloz hebdomadaire
Dig. = Digeste
DMF = Droit maritime français
Doc. fr. = La documentation française DP = Recueil Dalloz périodique
Dr. adm. = Droit administratif
Dr. et patr. = Droit et patrimoine Dr. et proc. = Droit et procédures Dr. Famille = Droit de la famille Droits = Revue des droits
Dr. ouvrier = Droit ouvrier
Dr. pén. = Droit pénal
Dr. prat. com. int. = Droit et pratique du commerce international Dr. soc. = Droit social
Dr. sociétés = Droit des sociétés
EDCE = Études et documents du Conseil d'État
GAJA = Grands arrêts – Jurisprudence administrative GAJ civ. = Grands arrêts – Jurisprudence civile
GACEDH = Grands arrêts – Jurisprudence de la Cour européenne des droits de l'homme GAJCJCE = Grands arrêts – Jurisprudence de la Cour de justice des Communautés européennes
GAJDIP = Grands arrêts – Jurisprudence française de droit international privé Gaz. Pal. = Gazette du Palais
GDCC = Grandes décisions du conseil constitutionnel
J.-Cl. civil = Jurisclasseur civil

J.-Cl. com. = Jurisclasseur commercial
Rev. hist. fac. droit = Revue d'histoire des facultés de droit et de la science juridique Rev. loyers = Revue des loyers
Rev. proc. coll. = Revue des procédures collectives
Rev. sc. mor. et polit. = Revue des sciences morales et politiques Rev. sociétés = Revue des sociétés
RFDA = Revue française de droit administratif
RFD const. = Revue française de droit constitutionnel
RGAT = Revue générale des assurances terrestres
RGD int. publ. = Revue générale de droit international public RGDP = Revue générale des procédures
RHD = Revue historique du droit
RIDA = Revue internationale du droit d'auteur
RID comp. = Revue internationale de droit comparé
RID éco. = Revue internationale de droit économique
RID pén. = Revue internationale de droit pénal
RJ com. = Revue de jurisprudence commerciale RJF = Revue de jurisprudence fiscale
RJPF = Revue juridique des Personnes et de la Famille
RJS = Revue de jurisprudence sociale
RLDC = R. Lamy dr. civil = Revue Lamy de droit civil
RLDA = R. Lamy dr. aff. = Revue Lamy de droit des affaires RRJ = Revue de recherche juridique (Aix-en-Provence) RSC = Revue de science criminelle et de droit pénal comparé
R. sociologie = Revue française de sociologie RTD civ. = Revue trimestrielle de droit civil
RTD com. = Revue trimestrielle de droit commercial et de droit économique RTD eur. = Revue trimestrielle de droit européen
RTDH = Revue trimestrielle des droits de l'homme
S. = Recueil Sirey

Juridictions

CA = arrêt de la Court of Appeal (Grande-Bretagne) CA = arrêt d'une Cour d'appel

CAA = arrêt d'une cour administrative d'appel

Cass. ass. plén. = arrêt de l'assemblée plénière de la Cour de cassation Cass. ch. mixte = arrêt d'une chambre mixte de la Cour de cassation Cass. ch. réunies = arrêt des chambres réunies de la Cour de cassation Cass. civ. = arrêt d'une chambre civile de la Cour de cassation

Cass. com. = arrêt de la chambre commerciale et financière de la Cour de cassation

Cass. crim. = arrêt de la chambre criminelle de la Cour de cassation Cass. soc. = arrêt de la chambre sociale de la Cour de cassation

CE = arrêt du Conseil d'État

CCJA = arrêt de la cour commune de justice et d'arbitrage de l'OHADA

CEDH = arrêt de la Cour européenne des droits de l'homme CJCE = arrêt de la Cour de justice des Communautés européennes Cons. const. = décision du Conseil constitutionnel

Cons. prud'h. = Conseil des prud'hommes

JAF = décision d'un juge aux affaires familiales

J.d.t. = décision d'un juge des tutelles

KB =arrêt du King's bench (Banc du roi) (Grande-Bretagne)

QB = arrêt du Queen's Bench (Banc de la reine) (Grande-Bretagne) Réf. = ordonnance d'un juge des référés

Req. = arrêt de la chambre des requêtes de la Cour de cassation Sent. arb. = sentence arbitrale

Sol. impl. = solution implicite

TA = jugement d'un tribunal administratif

T. civ. = jugement d'un tribunal civil

T. com. = jugement d'un tribunal de commerce

T. confl. = décision du Tribunal des conflits
T. corr. = jugement d'un tribunal de grande instance, chambre correctionnelle
T.f. = arrêt du Tribunal fédéral (Suisse)
TGI = jugement d'un tribunal de grande instance TI = jugement d'un tribunal d'instance
TPICE = Tribunal de première instance des communautés européennes

Acronymes

AFNOR = Association française de normalisation CCI = Chambre de commerce internationale
Ccne = Comité consultatif national d'éthique pour les sciences de la vie et de la santé CEE = Communauté économique européenne
DASS = Direction de l'action sanitaire et sociale DPU = Droit de préemption urbain
IRPI = Institut de recherche en propriété intellectuelle
OHADA = Organisation pour l'harmonisation en Afrique du droit des affaires OPE = offre publique d'échange de valeurs mobilières
POS = plan d'occupation des sols
PUAM = Presses universitaires de l'Université d'Aix-Marseille PUF = Presses universitaires de France
PUA = Presses universitaires d'Afrique
EUE = Éditions universitaires européennes SA = société anonyme
SARL = société à responsabilité limitée SAS = société anonyme simplifiée
SCI = société civile immobilière
SNC = société en nom collectif

Abréviations usuelles

A. = arrêté Adde = ajouter Aff. = affaire al. = alinéa
Ann. = annales

Appr. = approbative (note) Arg. = argument
Art. = article
Art. cit. = article cité
Av. gal. = avocat général
cbné = combiné
cf. = se reporter à
chron. = chronique
col. = colonne
comp. = comparer
concl. = conclusions
cons. = consorts
Contra = solution contraire
crit. = critique (note)
DIP = Droit international public/Droit international privé
doctr. = doctrine
éd. = édition
eod. vo = eodem verbo = au même mot
Et. = Mélanges
ib. = *ibid.* = *ibidem* = au même endroit
infra = ci-dessous
IR = informations rapides
loc. cit. = loco citato = à l'endroit cité
m. n./déc./concl. = même note/décision/ conclusion
n. = note
n.p.B. = non publié au Bulletin des arrêts de la Cour de cassation (inédit) *op. cit.* = opere citato = dans l'ouvrage cité
passim = çà et là
préc. = précité
pub. = publié
rapp. = rapport Sect. = section sté = société
som. = sommaires *supra* = ci-dessus
TCF DIP = Travaux du Comité de DIP th. = thèse
V. = voyez
v = versus = contre

vo = verbo = mot (vis = verbis = mots)
*et** = décisions particulièrement importantes

INTRODUCTION

L'efficacité avec laquelle les paiements sont réalisés est une question porteuse d'un double enjeu macroéconomique. En premier lieu, il faut que les relations commerciales et financières que nouent les agents ne soient ni entravées ni ralenties par des obstacles qui s'opposeraient aux règlements qu'elles impliquent. Il ne serait pas acceptable qu'un dysfonctionnement, voire un blocage des paiements, gêne le bon déroulement des transactions économiques.

À cet impératif de bon acheminement des paiements doit s'ajouter une exigence collective d'efficacité productive dont la dimension ne doit pas être sous-estimée. Il faut en effet avoir conscience des ressources mobilisées dans l'organisation des paiements. Par exemple, on estime aux environs de 3 % de PIB le coût de production des paiements de l'économie des États-Unis. Dans ces conditions, on comprend aisément que les innovations dans le champ des paiements de détail soient des vecteurs potentiels d'économies de ressources significatives à l'échelle macroéconomique. Par exemple, l'abandon des paiements papiers au profit des paiements électroniques serait susceptible de diminuer le coût global de production des paiements d'un tiers à la moitié de ce qu'il est aujourd'hui.

Outre ces objectifs de productivité, les innovations tous azimuts, dont font preuve aujourd'hui les systèmes de paiement des pays industrialisés, sont de nature à mieux répondre à de nouveaux besoins des agents pour effectuer leurs transactions. Les paiements sur Internet en sont le parfait exemple. La satisfaction de ces besoins nouveaux est d'ailleurs sûrement plus complexe qu'on ne l'avait imaginée il y a quelque temps comme l'attestent les très nombreux échecs que les solutions innovantes ont dû essuyer. En même temps que les « bons » modèles vont peu à peu être sélectionnés par les demandes des acteurs des systèmes de paiement, de nouvelles logiques économiques vont s'esquisser. Dans certains cas, les technologies numériques vont être à l'origine de mutations stratégiques importantes sur le marché des paiements de masse.

Les banques sont déjà affectées dans leurs choix stratégiques car elles doivent sélectionner et vendre ces nouveaux moyens de paiement à une clientèle dans l'ensemble assez circonspecte. Pour ce faire, elles sont conduites à établir des partenariats nouveaux et à s'exposer à des risques techniques et commerciaux croissants. Plus radicales encore seront les mutations liées à l'intrusion croissante des firmes non bancaires dans la production des paiements. De simples partenaires techniques, confinés dans une relation de sous-traitance, ces firmes commerciales ou industrielles peuvent devenir de véritables concurrentes des banques. Cette immixtion s'évalue selon une gradation qu'il conviendra d'identifier. Elle peut notamment se traduire, dans des cas extrêmes, par une contestation du monopole des banques centrales à battre monnaie, c'est-à-dire à définir l'unité de compte dominante.

Il est clair que ces évolutions économiques vont se traduire par l'émergence de risques nouveaux et peut-être par la résurgence de risques anciens. Ces risques porteront sur les offreurs de solutions de paiement et donc sur leur clientèle. Cette contribution a pour but d'identifier ces risques. L'idée qui est exposée ici est que les progrès technologiques peuvent être un facteur de risque supplémentaire uniquement lorsqu'ils modifient l'organisation économique des paiements. Il nous semble que les risques les plus spectaculaires comme la fraude ou la défaillance technique des systèmes sont au fond plus facilement maîtrisables que d'autres risques liés à la dilution du rôle des banques dans l'organisation des paiements. La problématique du risque systémique pourrait alors migrer des systèmes de gros montant vers les systèmes de paiement de masse qui n'avaient pas été jusqu'à présent considérés comme des terrains favorables à l'émergence du risque de système.

Des mécanismes viennent toutefois limiter ces prises de risque, le rôle des autorités de régulation est bien entendu de ce point de vue crucial. Il nous semble que le public contribue dans ces choix de consommateur à épauler indirectement les autorités dans le contrôle du risque. Les agents sont probablement caractérisés par une grande aversion au risque et valorisent uniquement les innovations qui satisfont des besoins nouveaux délaissant la plupart des autres offres émergentes. Il convient alors de s'interroger sur ce que l'on attend réellement des innovations dans le domaine des paiements de détail. Existe-t-il des gains espérés – et aujourd'hui encore hypothétiques – qui viendraient compenser des prises de risque supplémentaires, leur donnant ainsi une certaine rationalité ?

Les instruments de paiement et de crédit sont des outils et des mécanismes appréhendés à travers leur rôle économique. En effet, les instruments de paiement servent à effectuer des paiements en évitant la manipulation des espèces, tandis que les instruments de crédit permettent essentiellement aux entreprises d'obtenir des financements en mobilisant leurs créances. Ils ont été justement imaginés à l'origine par les professionnels pour servir au développement du crédit.

1 – Présentation des instruments de paiement

Les instruments de paiement servent à régler une dette de somme d'argent par le débiteur ou un tiers agissant en ses lieu et place. Ce sont des substituts de l'argent liquide, dont les caractéristiques essentielles méritent d'être présentées et la subtilité du régime juridique soulignée.

Les caractéristiques essentielles des instruments de paiement

Les instruments de paiement relèvent de la monnaie fiduciaire – En effet, historiquement, à l'époque du troc, l'échange des biens matériels en a fait des instruments de paiement. Après cette époque, les paiements ont été effectués avec des métaux, l'argent et l'or, instruments de mesure des valeurs et donc de paiement. Après que l'or ait supplanté l'argent au XIXe siècle, c'est le papier-monnaie qui a été substitué à l'or, sur la base de convention sociale imposant la confiance en cet instrument afin qu'il ait cours forcé : cette confiance fait du papier servant de monnaie, la monnaie fiduciaire. La confiance imposée à la monnaie-papier ressort des articles L. 121-1 et suiv. du Code monétaire et financier (CMF). D'après ces textes, la monnaie fiduciaire comprend la monnaie métallique et les billets de banque. Cet ensemble constitue **l'argent liquide ou espèces**. Il est donc permis d'affirmer que la monnaie fiduciaire a cours légal = la monnaie métallique (or et argent) + les billets de banque = l'argent liquide = les espèces.

Le transport des espèces présente des risques d'insécurité : la perte, le vol, et de fraude fiscale. D'où l'intérêt de la **monnaie scripturale** dont le mécanisme en un dépôt d'argent donnant lieu à des écritures comptables dans les établissements et organismes habilités à accomplir de telles opérations. Cet argent va circuler par des jeux d'écritures d'un compte à l'autre, matérialisant la fin de la circulation d'un instrument de paiement. Il en est ainsi du chèque, de la carte de paiement et du virement.

L'influence des nouvelles technologies sur le développement de ces instruments est remarquable. En effet, les instruments existants ont nécessité une adaptation à ces nouvelles technologies qui ont par ailleurs permis la création de nouveaux procédés, les instruments et procédés de la monnaie électronique.

Les instruments de paiement sont des instruments bancaires – Les banques interviennent dans le mécanisme des instruments de paiement, lors de la délivrance et/ou au moment du paiement que ces instruments permettent de réaliser. On peut donc affirmer que les banques et établissements assimilés concourent à l'efficacité des instruments de paiement, et ce, dans l'exercice de leurs activités telles que définies par l'article L. 311-1 du Code monétaire et financier (CMF).

Les règles applicables aux instruments de paiement

Les instruments de paiement qui seront exposés sont le chèque, régis par les articles L. 131-1 et suivants du Code monétaire et financier (CMF) et ceux que ce code nomme « autres instruments de paiement », articles 133-1 et suivants, visant ainsi indirectement et pour l'essentiel, le virement, les cartes de paiement. Il importe de préciser que ces « autres instruments de paiement » étaient l'objet de l'ordonnance n° 2009-866 du 15 juillet 2009 **relative aux conditions régissant la fourniture de services de paiement et portant création des établissements de paiement.** Cette ordonnance a transposé la directive 2007/64/CE du 13 novembre 2007 sur les services de paiement dans le marché intérieur.

L'ordonnance visait comme objectifs, l'harmonisation des services de paiement dans l'espace européen, la création d'un nouveau statut des établissements de paiement et le développement de la concurrence en mettant en place des conditions susceptibles d'attirer en France de nouveaux établissements de paiement qui viendraient s'y installer. Au final, il s'agissait d'élaborer des règles efficaces et utiles, notamment pour les consommateurs qui devraient voir leurs frais bancaires diminuer dans un cadre concurrentiel.

Mais pour maîtriser ces règles, il faudra les articuler avec les règles fondamentales qui s'appliquent notamment aux obligations dont l'exécution donne lieu à l'établissement et à la mise en circulation de ces instruments de paiement. Or, ces obligations naissent généralement d'actes juridiques au rang desquels les contrats dont le régime général a été réformé par l'ordonnance n° 2016-131 du 10 février 2016, entrée en vigueur le 1er octobre 2016.

2 – Présentation des instruments de crédit

Le terme de crédit fait référence à la « confiance qu'une personne inspire sur sa solvabilité… [ou] la confiance en la solvabilité » d'autrui. Sur la base de cette confiance, les banques et organismes financiers accordent leur soutien financier aux agents économiques (entreprises et ménages) en mettant à leur disposition une certaine somme d'argent ou en accordant une ouverture de crédit ou une lettre de crédit…

Les instruments de crédit que nous examinerons sont des outils au service des entreprises et leur servent pour obtenir le crédit de trésorerie, c'est-à-dire des disponibilités nécessaires au paiement de leurs dépenses entre les délais de paiement qu'elles accordent à leurs propres clients. En accordant de tels délais, ces entreprises deviennent créancières, titulaires de créances à terme car exigible seulement à la date fixée par les parties. Mais dans l'attente de ce terme, le créancier transmet sa créance afin d'obtenir des disponibilités ou pour régler ses propres dettes. Cette transmission réalise la mobilisation ou circulation de la créance.

Ces instruments de crédit connaissent un certain développement dans la perspective d'améliorer leur efficacité. En effet, jusqu'en 1981, ce sont les effets de commerce qui ont servi comme instruments de crédit. Mais leur inadaptation aux besoins des entreprises les a relégués au rang d'instruments traditionnels, moins courants et moins performants que **le bordereau de cession de créances professionnelles encore appelé bordereau Dailly**, consacré par la loi du 2 janvier 1981. Il faut enfin souligner l'incidence des nouvelles technologies auxquelles il a fallu adapter les effets de commerce traditionnels. Cette adaptation s'est faite notamment pour les effets de commerce, par la mise en place des lettres de change relevé papier, les lettres de change relevé magnétiques et des variantes du billet à ordre. Pour autant, les nouvelles technologies n'ont pas fait disparaître le support papier pour les effets de commerce traditionnels dont le formalisme reste l'une des caractéristiques fondamentales.

Les règles applicables aux instruments de crédit

Ces instruments regroupent les effets de commerce, à savoir la lettre de change et le billet à ordre, et le bordereau de cession de créances professionnelles (bordereau Dailly). Les effets de commerce sont régis par le Code de commerce en ses articles L. 511-1 et suivants pour la lettre de change, et articles L. 512-1 et suivants pour le billet à ordre.

Cependant, ces instruments sont créés à la suite d'actes juridiques dans lesquels le créancier accorde

un délai de paiement à son débiteur et l'instrument est établi comme support de sa créance qu'il va mobiliser en la transférant à une banque qui accepte de le financer. Les instruments de crédit deviennent ainsi des opérations avec trois parties, à savoir le cédant, le cessionnaire et le cédé. Les mécanismes des instruments de crédit ne peuvent être maîtrisés qu'à la lumière du droit fondamental régissant l'opération de base encore appelée l'opération fondamentale, sans oublier, bien sûr, l'ordonnance de février 2016.

Articulation du cours

L'ouvrage va être articulé en deux axes en commençant par les instruments de crédit avant les instruments de paiement.

PREMIÈRE PARTIE
LES INSTRUMENTS DE CRÉDIT

Les instruments de crédit peuvent être créés à la suite de l'une des opérations de crédit définies par l'article L. 313-1 du Code monétaire et financier, ou à l'occasion d'une opération commerciale lorsque le créancier accorde un délai de paiement à son débiteur. Dans les deux cas, le créancier va obtenir un instrument de crédit représentant sa créance sur son débiteur. Au lieu d'attendre le paiement à l'échéance convenue, le créancier va pouvoir obtenir à son tour un financement auprès d'un établissement de crédit auquel l'instrument de crédit sera transmis. Le terme accordé au débiteur pour payer est variable et dépend de l'accord des deux parties qui ne dépasse pas en général 12 mois. Cette utilité des instruments de crédit permet de dire que ce sont des instruments de mobilisation des créances. La transmission s'effectue selon des modes simplifiés par rapport à la cession de créances pour laquelle l'article 1324 du Code civil, issu de l'ordonnance du 10 février 2016, la notification pour rendre la cession opposable au débiteur cédé.

Il existe deux catégories d'instruments de crédit, les instruments traditionnels composés de la lettre de change ou traite, les billets à ordre. Les effets informatisés sont souvent cités alors que la dématérialisation totale ou partielle semble les exclure de la catégorie des effets de commerce classique. La seconde catégorie est constituée par le bordereau de cession de créances professionnelles dit « bordereau Dailly ».

TITRE 1
LES EFFETS DE COMMERCE

Les effets de commerce sont appréhendés par la doctrine en fonction de leur rôle économique. En effet, ce sont des titres représentant une certaine somme d'argent qui y est mentionnée, et qui circulent par endossement, mode de circulation dérogatoire aux règles de la cession de créances, notamment la notification. Tout effet de commerce est un titre littéral car son contenu est suffisant pour déterminer les droits de chacun des intervenants.

Les effets de commerce se distinguent d'un point de vue économique. En effet, les effets commerciaux constatent une créance née d'une opération commerciale, par exemple, la vente de marchandises, les services commerciaux. Par contre, les effets financiers résultent d'une opération de crédit. À cette occasion, l'effet est signé par celui qui offre sa garantie ou s'engage à payer le créancier : exemple, une banque consent une ouverture de crédit à une entreprise qui va signer une lettre de change ou un billet à ordre dont la banque sera bénéficiaire.

D'un point de vue juridique, le nombre d'intervenants est un élément intéressant pour le mécanisme. Ainsi, la lettre de change fait intervenir trois personnes, le tireur, le tiré et le bénéficiaire, tandis que le billet à ordre ne comporte que l'émetteur appelé souscripteur et le bénéficiaire.

Par ailleurs, le régime de la lettre de change est considéré comme le droit commun des effets de commerce. Il est donc applicable aux billets à ordre avec quelques adaptations. On peut aussi souligner qu'il a inspiré les règles applicables au bordereau de cession de créances professionnelles.

Avant d'aborder l'étude de chacun des effets de commerce, il convient de dégager au préalable les principes fondamentaux du droit cambiaire applicables à tous les effets de commerce.

CHAPITRE 1
LES PRINCIPES FONDAMENTAUX DU DROIT CAMBIAIRE

Les effets de commerce se caractérisent essentiellement par le formalisme et les particularités de l'engagement auxquels ils donnent naissance, c'est-à-dire les engagements cambiaires.

SECTION 1
Le formalisme cambiaire

Le caractère littéral des effets de commerce fait référence au formalisme qui caractérise tous les effets de commerce. Plusieurs éléments caractérisent le formalisme cambiaire. D'une part, l'effet de commerce doit contenir les mentions légales obligatoires fixées par les dispositions du Code de commerce régissant chacun des effets de commerce. Cette exigence légale, mentions étant d'ordre public, l'écrit qui ne contient pas toutes les mentions légales n'est pas un effet de commerce, sauf régularisation dans les conditions de ces textes et la jurisprudence.

Par ailleurs, un arrêté du 2 novembre 1982 impose le formalisme normatif en vertu duquel les formules de lettre de change et de billet à ordre doivent respecter les normes de l'Association Française de Normalisation (AFNOR)[11]. Les formules non conformes à cette norme ne peuvent être ni imprimées, ni vendues, ni émises.

[1] Com. 14 déc. 2010, 09-70179 : non-respect du formalisme cambiaire de normalisation découlant de la NF K11-080 du 5 nov. 1982

D'autre part, les droits des différents porteurs du titre se déterminent uniquement à l'examen formel du contenu du titre.

Le formalisme cambiaire facilite la circulation de l'effet de commerce en toute sécurité pour tous les signataires dont l'engagement cambiaire ne résultera que du contenu du titre.

SECTION 2
Les spécificités de l'engagement cambiaire

La signature apposée sur un effet de commerce fait naître l'engagement cambiaire du signataire. Il est désormais régi par le droit cambiaire. L'engagement cambiaire est abstrait et rigoureux.

§ 1 - Le caractère abstrait de l'engagement cambiaire

L'effet de commerce est créé à l'occasion d'une relation appelée rapport fondamental lors de l'émission ou de la circulation. Ainsi, suite à la vente des marchandises, le vendeur peut émettre une lettre de change sur l'acheteur pour le montant du prix de vente. L'effet va circuler jusqu'à l'échéance à laquelle il devra être réglé par l'acheteur-débiteur du prix et tiré dans le cadre de la lettre de change. La validité de la lettre de change et de l'engagement des signataires sera appréciée exclusivement à l'examen du titre qui doit alors contenir toutes les mentions légales obligatoires.

Les signataires dont la signature figure sur la lettre de change deviennent des débiteurs cambiaires de ce seul fait. Leur engagement est valable dès lors que leur signature l'est et que le titre contient les mentions légales. La validité de l'engagement cambiaire ne dépend pas de celle de la vente qui constitue le rapport fondamental. Par conséquent, les vices de la vente n'ont aucune incidence sur l'engagement cambiaire. L'autonomie d'un tel engagement permet d'affirmer que l'engagement cambiaire est abstrait. En somme, l'abstraction est synonyme de l'autonomie ou de l'indépendance par rapport au lien fondamental à l'occasion duquel l'effet de commerce a été créé. L'affirmation du caractère abstrait sécurise le porteur bénéficiaire de l'effet de commerce en ce sens qu'il n'a pas à vérifier la régularité du rapport fondamental ou personnel entre les précédents signataires. Que ce rapport soit valable ou non n'a aucune incidence sur l'engagement cambiaire né de la signature apposée sur le titre cambiaire.

Par ailleurs, les exceptions tirées du rapport fondamental ou personnel ne sont pas opposables au porteur de l'effet. Ce principe est consacré par l'article L. 511-12 du Code de commerce en ces termes :

« *Les personnes actionnées en vertu de la lettre de change ne peuvent pas opposer au porteur les exceptions fondées sur leurs rapports personnels avec le tireur ou avec les porteurs antérieurs, à moins que le porteur, en acquérant la lettre, n'ait agi sciemment au détriment du débiteur.* » Il ressort de ce texte que le caractère abstrait cesse lorsqu'elle ne joue plus son rôle de faciliter la circulation du titre et de protection du porteur. Ainsi, le porteur de mauvaise foi ne peut plus faire valoir l'inopposabilité des exceptions ; celles-ci pourront lui être opposées. Il en est de même si le titre ne circule pas. Enfin, le rapport fondamental n'est pas supprimé par le rapport cambiaire. Le premier survit jusqu'à son extinction selon les modalités du droit commun. Il renaît si le rapport cambiaire est anéanti, notamment pour non-respect du formalisme cambiaire ou par application des règles de la prescription cambiaire.

§ 2 – Le caractère rigoureux de l'engagement cambiaire

Le caractère rigoureux se manifeste dans la signature cambiaire et de la solidarité cambiaire.

La rigueur dans la signature cambiaire – La signature cambiaire est formaliste en ce sens qu'elle est apposée sur un titre cambiaire valable en la forme. Elle doit donc exister mais aussi être valable, d'où le problème de savoir quelle doit être la forme de la signature, la jurisprudence se montrant rigoureuse sur la question.

Par ailleurs, la rigueur résulte du principe de l'indépendance des signatures, principe consacré par les articles L. 511-5 et L. 511-77 du Code de commerce pour la lettre de change, mais applicable au billet à ordre. Il ressort de ces textes que l'incapacité d'un signataire, la fausse signature ou la signature insusceptible d'engager son auteur pour quelque raison que ce soit, n'ont aucune incidence sur la validité des autres signatures. Ainsi se trouve affirmée la subjectivité ou la relativité de la signature de chacun par sa nature et ses effets. Les signatures sont indépendantes les unes des autres. Un signataire ne peut donc pas invoquer l'irrégularité de la signature de l'autre. La règle s'applique quel que soit l'auteur de la signature.

En application de cette règle, les signataires d'un effet de commerce ne peuvent pas invoquer l'incapacité d'un autre signataire pour échapper à leur engagement cambiaire valablement souscrit. De même, en cas d'altération d'un effet de commerce, par exemple, la modification du montant de l'effet en cours de circulation, l'engagement de chaque signataire est déterminé en fonction de l'état du titre au moment de la signature. L'engagement des signataires antérieurs à l'altération est donc différent de celui des signataires postérieurs.

La rigueur tenant à la solidarité cambiaire – La solidarité est prévue par les articles L. 511-44, al. 1er et L. 512-3 du Code de commerce, respectivement pour la lettre de change et le billet à ordre. Que signifie cette solidarité et quels en sont les effets ? D'après les textes précités, toutes les personnes qui signent un effet de commerce sont tenues solidairement de le payer, quel que soit le titre du signataire. Dans le cadre de la lettre de change, il peut s'agir du tireur, du tiré accepteur, de l'endosseur, de

l'avaliste. Pour le billet à ordre, ce sont le souscripteur (équivalent de tireur de la lettre de change), l'endosseur, l'avaliste. La solidarité protège tous les bénéficiaires d'un effet de commerce, que ce soit en tant que porteur ou garant exerçant les recours cambiaires après avoir payé le porteur. En somme, ce sont tous les créanciers cambiaires qui sont protégés et peuvent donc faire valoir la solidarité consacrée par lesdits textes cambiaires. La rigueur de la solidarité s'observe dans les effets principaux. En effet, le porteur peut, à sa discrétion, poursuivre chacun des débiteurs individuellement comme il peut les poursuivre les uns après les autres ou tous collectivement. Le débiteur poursuivi ne peut exiger la poursuite préalable de tel ou tel autre. Par exemple, le tireur poursuivi par le porteur ne peut reprocher à celui-ci de n'avoir pas au préalable engagé une action contre le tiré accepteur (com., 20 févr. 2007, n° 05-21264). Par ailleurs, le débiteur poursuivi doit payer l'intégralité de la dette cambiaire et ne peut prétendre en payer seulement une partie, sauf celui dont l'engagement cambiaire mentionne sur le titre le caractère partiel.

CHAPITRE 2
LA LETTRE DE CHANGE

La lettre de change ou traite est traditionnellement définie comme un titre par lequel une personne, le tireur, donne l'ordre à son débiteur, le tiré, de payer le montant inscrit sur ledit titre à une troisième personne dénommée bénéficiaire ou à un tiers désigné par ce dernier. La lettre de change fait ainsi intervenir trois personnes, le tireur, le tiré et le bénéficiaire ou porteur. Elle crée un rapport triangulaire entre les trois personnes.

SECTION 1
Les conditions de création de la lettre de change

La création d'une lettre de change exige le respect de la forme du titre. Il convient par ailleurs de s'interroger sur la qualité des signataires de la lettre de change.

§ 1 – Le titre et son contenu

La lettre de change ou traite s'identifie par la présence des mentions légales obligatoires sur le titre. Sans toutes ces mentions, le titre est disqualifié et ne peut donc pas être une lettre de change. Les mentions ne figurant pas sur la liste légale sont nécessairement facultatives et sans aucune incidence sur l'appréciation de la validité du titre.

A – Les mentions obligatoires

Les mentions légales sont énumérées par l'article L. 511-1 du Code de commerce comme condition de validité du titre en tant que lettre de change. Ce texte contient huit mentions.

– **La dénomination de lettre de change** doit être insérée dans le texte même du titre et exprimée dans la langue employée pour la rédaction de ce titre. Cette mention renseigne le signataire sur la nature du titre et en conséquence la rigueur de l'engagement souscrit.

– **Le mandat pur et simple de payer une somme déterminée :** le mandat vise l'ordre donné par le tireur au tiré de payer une troisième personne, le bénéficiaire ou celle qui sera désignée par le bénéficiaire. Il s'agit donc de l'ordre de payer le bénéficiaire ou à l'ordre de ce dernier. Ce mandat ou ordre doit être pur et simple, c'est-à-dire sans condition, sinon, l'ordre donné sous condition mentionnée sur le titre entraine la disqualification d'un tel titre qui ne peut donc pas être une lettre de change, sauf si les conditions ainsi mentionnées n'ont aucune incidence sur le principe de l'obligation cambiaire. Exemple de mention admise sur la traite, la condition que le porteur remette les documents en sa possession lors du paiement de la lettre de change. Le mandat ou ordre de payer peut s'exprimer sous plusieurs formes : « veuillez payer » ou « payez ».

Le mandat ordonne de payer la somme d'argent portée sur la lettre de change. Il s'agit donc d'un montant fixe, la stipulation d'intérêts étant interdite (C. com., art. L. 511-3). Le montant de la lettre de change est indiqué en chiffres et en lettres, la discordance entre les deux fait prévaloir la somme en lettres.

Le nom de celui qui doit payer, dénommé tiré. Son nom doit figurer sur le titre et ne peut être remplacé par la simple signature, ni par l'indication de son domicile.

L'indication de l'échéance (C. com., art. L. 511-22 à L. 511-25) – L'échéance de la lettre de change désigne le moment où elle doit être payée, le terme de la lettre de change. Cette mention est d'autant plus importante que les délais de grâce sont interdits en droit cambiaire. Les débiteurs cambiaires doivent donc pouvoir connaître le moment auquel ils seront invités à régler la traite et se préparer en conséquence.

Les quatre modalités d'indication de l'échéance sont fixées par l'article L. 511-44 C. com. Toute autre modalité est interdite par ce texte dont la violation est sanctionnée par la nullité de la lettre de change (alinéa II, art. L. 511-44).

Le tableau ci-après présente les modalités légales d'indication de l'échéance de la lettre de change.

Modalité d'indication, art. L. 511-22 C. com	**Détermination de la présentation et du paiement**
Lettre de change payable à vue. Lettre de change sans indication d'échéance est considérée comme payable à vue (C. com, L. 511-1)	**La traite doit être présentée au paiement dans le délai d'un an à partir de sa création, délai qui peut être abrégé ou allongé par le tireur ou les endosseurs.**
Lettre de change payable à un certain délai de vue	**La traite est payable après le délai fixé librement dans la traite, à compter de l'acceptation ou de la date du protêt. L. 511-24 C. com.**
Lettre de change payable à un certain délai de date	**Le délai de paiement court du jour de la création de la traite**

Lettre de change payable à jour fixe	Le jour du paiement est celui fixé par le tireur

L'indication du lieu de paiement permet en principe au bénéficiaire ou porteur de la traite de savoir où présenter l'effet au paiement.

L'indication du nom du bénéficiaire – Le bénéficiaire est « celui auquel ou à l'ordre duquel le paiement doit être fait ». Aucune précision donc sur la qualité de bénéficiaire. Celui-ci peut être le tireur lui-même ou un tiers. Mais le texte interdit la création d'une lettre de change au porteur, alors que par ailleurs, un endossement (après l'émission) en blanc est valable.

La jurisprudence apporte quelques précisions sur les modalités de désignation du bénéficiaire. Il a ainsi été admis la désignation par des mentions suffisantes pour identifier le bénéficiaire : des initiales servant couramment à désigner le bénéficiaire, le cachet de la société tireur, apposé au recto et au verso et avec la signature du gérant[2].

Cette souplesse de la jurisprudence au regard de l'indication du nom du bénéficiaire confirme le pragmatisme des juges qui entendent sauver le titre, notamment en admettant que le nom du bénéficiaire soit régularisé jusqu'à la présentation au paiement (voir le point sur la régularisation).

L'indication du lieu et de la date de création de la lettre de change – Mais à défaut, le lieu indiqué à côté du nom du tireur vaut comme lieu de création. Il n'est pas né-

[2] Com. 3 avr. 2002, n° 98-15193 qui affirme : « Mais attendu que l'arrêt, répondant par là même aux conclusions prétendument omises, retient que les effets de commerce litigieux portent tant au recto qu'au verso le cachet de la société RAI accompagné de la signature de son gérant et que ces mentions suffisent à l'identification du bénéficiaire des effets ; qu'ainsi, la Cour d'appel a pu en déduire que l'indication du bénéficiaire sur les effets satisfaisait aux exigences des articles 110, 111 et 117 du Code de commerce, devenus les articles L. 511-1, L. 511-2 et L. 511-8 du même Code. »

cessaire que le lieu de création soit mentionné au recto. La date de création est importante en ce qu'elle permet de déterminer celle de la présentation au paiement d'une traite à échéance d'un certain délai de date ou à vue. L'absence de date est donc sanctionnée par la nullité de l'effet en tant que tel.

La signature du tireur – Elle figure au recto de l'effet. Elle peut être donnée par un procédé non manuscrit. La signature à la griffe est admise depuis la loi du 16 juin 1966.

Aux mentions obligatoires prévues par l'article L. 511-1 C. com., il convient d'ajouter le formalisme de normalisation institué par l'arrêté du 5 novembre 1982[3].

B – Les sanctions des atteintes à l'exigence des mentions obligatoires

1. L'omission d'une mention obligatoire

L'article L. 511-1 alinéa 2 du Code de commerce pose le principe de l'invalidité de la lettre de change ne comportant pas toutes les mentions obligatoires. Il s'agit d'une nullité de protection de l'ordre public économique, elle est donc absolue.

Mais le titre est seulement nul en tant que lettre de change. Il peut donc être valable sous la qualification d'un autre acte si les mentions qui y figurent justifient cette récupération. La doctrine parle de la **« conversion par réduction »**. Ainsi, la prétendue lettre de change peut être disqualifiée en billet à ordre si le titre contient les mentions obligatoires d'un billet à ordre. À défaut d'être récupérée comme billet à ordre[4], la lettre de change incomplète peut être un titre extra-cambiaire ne relevant donc plus du droit cambiaire. Il faut alors rechercher dans le domaine du droit commun des obligations la qualification juridique

[3] Com. 14 déc. 2010, 09-7017
[4] Com. 23 janv. 2007, n° 05-14036, D 2007, p. 437

permettant de récupérer cette lettre de change incomplète. Ainsi, une lettre de change incomplète peut être une promesse de payer faite par le tireur ou une reconnaissance de dette par le tiré ayant accepté l'effet, ou un commencement de preuve par écrit.

Ainsi, dans un arrêt du 14 décembre 2010 (n° 09-70179), la Cour de cassation sanctionne une Cour d'appel en ces termes : « *en statuant ainsi alors que les titres produits,* ***s'ils ne valaient pas comme lettre de change ou billet à ordre, pouvaient néanmoins faire preuve des engagements contractés selon les règles du droit commun, et dès lors qu'ils avaient été acceptés ou souscrits, valoir comme promesse unilatérale ou reconnaissance de dette du tiré ou du souscripteur****, la Cour d'appel a violé les textes visés (1315 et 1132*). »
Il ressort de cet arrêt qu'une lettre de change irrégulière peut être disqualifiée en billet à ordre, sinon elle peut servir comme preuve d'un engagement de droit commun, par exemple, une promesse unilatérale ou reconnaissance de dette du tiré accepteur ou du souscripteur.

La suppléance légale et régularisation d'une lettre de change incomplète – L'article L. 511-1 supplée à certaines mentions omises en les remplaçant par d'autres présentes sur le titre. Ainsi, émise sans indication de la date d'échéance, la lettre de change est payable à vue. À défaut du lieu de paiement, celui désigné à côté du nom du tiré en tient lieu. À défaut du lieu de création, celui désigné à côté du nom du tireur est considéré comme lieu de création.

La jurisprudence a ajouté d'autres cas de sauvetage de la lettre de change incomplète en admettant la possibilité de régulariser un tel titre. Il en est ainsi du nom du bénéficiaire. Mais en général, cette jurisprudence exige l'accord des parties à la régularisation qui ne doit donc pas être unilatérale.

La régularisation sauve la lettre de change qui va donc produire tous effets en tant que titre cambiaire. La régularisation produit effet rétroactivement, à la date de l'émission du titre. L'irrégularité initiale ne peut donc plus être invoquée.

2. L'inexactitude d'une mention obligatoire

La traite est complète mais des mentions fausses : date supposée pour fraude, lieu d'émission. En principe, l'effet est valable puisque la validité s'apprécie à l'examen formel du titre. Mais le droit commun de la simulation est applicable. L'acte réel (sans inexactitude) vaut entre les parties et les tiers porteurs en ayant eu connaissance de cette réalité. Les tiers porteurs de bonne foi peuvent se prévaloir de l'apparence ou de l'acte réel après avoir démontré l'inexactitude de l'acte apparent. Cependant, l'acte est nul si l'inexactitude masque l'absence d'une condition de validité de l'effet, par exemple, l'incapacité d'un signataire.

3. L'altération de la lettre de change

L'altération est une modification formelle de la lettre de change, sans le consentement des intéressés (donc par décision unilatérale de son auteur), et surtout à leur insu et sans autorisation légale ou des usages. Peut ainsi être altérée/modifiée, la date d'échéance afin de la retarder ou le montant de la lettre de change peut être augmenté après la création et donc en cours de circulation de l'effet.

L'article L. 511-77 du Code de commerce énonce les effets de l'altération d'une lettre de change. Les signataires antérieurs à la modification sont tenus en l'état du titre tel qu'ils l'ont signé. Les signataires postérieurs le sont dans les termes du titre altéré, si le porteur est de bonne foi.

L'altération emporte par ailleurs des sanctions pénales pour faux en écriture privée ou de commerce (CP, art. 441-1).

C – Les mentions facultatives

Les mentions facultatives sont celles qui peuvent être librement ajoutées sur le titre lors de la création ou en cours de circulation du titre, et qui ne sont donc pas obligatoires. Elles ne doivent pas dénaturer ou paralyser l'efficacité d'une mention obligatoire. Dans la pratique, nombreuses sont les clauses renfermant des mentions facultatives et peuvent être classées selon leur but.

Les clauses relatives au paiement organisent les garanties ou les conditions dans lesquelles le tiré effectuera le paiement : la clause « sans frais » ou « sans protêt » dispense de l'établissement du protêt faute de paiement. La clause peut être pré-imprimée sur l'effet, la simple signature du tireur la validant[5] ; la clause non acceptable interdit de présenter l'effet à l'acceptation ; la clause « contre documents » qui invite le tiré à ne payer que contre remise de documents par le porteur.

Les clauses de renforcement des rapports cambiaires et le rapport fondamental. Tel est le cas de la clause « valeur fournie » qui indique la contrepartie de l'endossement effectué par un endosseur. Cette contrepartie relève du lien fondamental existant entre l'endosseur et l'endossataire, lien régi par le droit commun des obligations. La valeur fournie peut alors être des marchandises pour un effet commercial, ou la valeur fournie en espèces ou en compte pour les effets financiers.

---

[5] Com., 2 nov. 2016, n° 15-12399 qui énonce : « Mais attendu, d'une part, que, lorsqu'une clause "retour sans frais" ou "sans protêt" est pré-imprimée sur la lettre de change, la seule signature du tireur portée sur l'effet suffit à la valider, sans qu'il soit nécessaire qu'une seconde signature, distincte de la première, soit apposée spécifiquement sous cette clause. »

Les clauses renforçant les garanties de paiement de l'effet. La clause d'aval en est une illustration.

Les clauses d'aménagement des conditions de circulation de la lettre de change : la clause « non à ordre » interdit la circulation du titre selon les modalités du droit cambiaire, la clause par laquelle un endosseur interdit un nouvel endossement, la clause sans garantie.

§ 2 – Les signataires de la lettre de change lors de la création

Il est important de déterminer les signataires qui concourent à la création de la lettre de change afin d'apprécier leur capacité cambiaire et d'identifier les débiteurs cambiaires puisque la signature engage son auteur. Deux problèmes doivent être examinés : la capacité cambiaire des signataires à titre personnel et le problème de la signature par représentation.

A – La capacité des signataires

Les règles de capacité cambiaire doivent être précisées compte tenu de la rigueur des engagements de cette nature, découlant d'une simple signature sur l'effet, engagement indépendant, solidaire et sans pouvoir bénéficier d'un délai de paiement comme en droit commun (**C. civ., art. 1228, ord. 10 févr. 2018** prévoyant la faculté pour le juge d'accorder au préalable un délai d'exécution au débiteur avant de décider de la résolution du contrat ; et **art. 1231** du même Code exigeant comme condition d'obtention des dommages et intérêts, la mise en demeure préalable du débiteur de s'exécuter dans un délai raisonnable).

Les règles d'incapacité de droit commun sont adaptées au droit cambiaire, tandis que certaines personnes sont frappées d'une incapacité cambiaire spéciale.

1. L'application du régime des incapacités de droit commun

Le cas du mineur – Le mineur est une personne n'ayant pas atteint dix-huit ans révolus. Mais le mineur peut être émancipé à seize ans. Il faut donc distinguer le mineur émancipé de celui qui ne l'est pas, du moins sur le plan civil.

La situation du mineur est plus complexe en droit des affaires dont relève le droit cambiaire, depuis la loi 2010-658 du 15 juin 2010 relative à l'entrepreneur individuel à responsabilité limitée (EIRL). En effet, cette loi a modifié l'article L. 121-2 du Code de commerce en énonçant que « le mineur émancipé peut être commerçant sur autorisation du juge des tutelles au moment de la décision d'émancipation et du président du tribunal de grande instance s'il formule cette demande après avoir été émancipé ». Il résulte donc de ce texte que le mineur émancipé peut devenir commerçant sur autorisation judiciaire dans les conditions énoncées par ce texte. Seul le mineur non émancipé reste incapable après la loi du 15 juin 2010.

Le problème se pose alors de savoir si le mineur émancipé peut signer un effet de commerce. L'article L. 511-5 du Code de commerce (texte du droit cambiaire) est en contradiction avec l'article L. 121-2 du même Code. Le premier alinéa de l'article L. 511-5 qui pourtant a été modifié pour l'adapter à l'ordonnance du 10 février 2016, déclare nulle à son égard la lettre de change signée par un mineur :

« ***Les lettres de change souscrites par des mineurs sont nulles à leur égard, sauf les droits respectifs des parties, conformément à l'article 1352-4 du Code civil.*** »

En conclusion : le mineur, avec ou sans activité, émancipé ou non, est frappé d'une incapacité cambiaire. Sa signature est nulle à son égard, donc d'une nullité relative susceptible d'être invoquée par lui-même ou son représentant.

Cette nullité est opposable à tous les porteurs même de bonne foi. Les autres signataires restent tenus, l'incapacité du mineur étant inopposable par eux au porteur.

Le cas des majeurs incapables – Le majeur sous tutelle est totalement incapable même sur le plan cambiaire. Son engagement cambiaire est donc nul mais seulement à son égard comme dans le cas du mineur. Les autres signataires restent tenus d'un point de vue cambiaire dès lors que leur propre signature est valable.

S'agissant du majeur sous curatelle, l'assistance de son curateur est nécessaire. Les deux signatures doivent figurer sur le titre sauf autorisation judiciaire pour une seule signature.

Le majeur sous sauvegarde de justice peut valablement signer un effet de commerce, mais il sera annulé s'il est prouvé son trouble mental lors de la signature de l'acte.

2. L'incapacité cambiaire spécifique du consommateur

L'article L. 314-21 du Code de la consommation interdit au consommateur de souscrire un engagement cambiaire dans le cadre d'un crédit à la consommation. L'interdiction s'applique aux « emprunteurs, même majeurs, à l'occasion des opérations de crédit ». Les engagements cambiaires ainsi interdits sont l'émission, l'aval, l'acceptation, l'endossement. Cette interdiction est sanctionnée par la nullité de la lettre de change, sanction opposable au porteur, même de bonne foi. Mais le principe de l'indépendance des signatures est applicable : seul le consommateur pourra invoquer la nullité de sa signature, les autres signataires étant tenus. L'incapacité cambiaire du consommateur est enfin sanctionnée pénalement par une amende de 30 000 euros pour « celui qui fait souscrire, ou accepter, ou avaliser par l'emprunteur ou l'acheteur des lettres de change ou des billets à ordre ».

B – L'émission d'une lettre de change par représentation

Deux modalités de la signature par représentation sont envisagées par les articles L. 511-2 alinéa 3 sur le tirage pour compte et L. 511-5 alinéa 3 relatif au tirage par représentation ou mandat.

1. Le tirage pour compte, article L. 511-2 alinéa 3

Le tirage pour compte est une opération par laquelle une personne, le tireur pour compte, émet la lettre de change pour le compte d'un tiers. Le tirage pour compte se distingue du tirage par mandataire et l'identifie à la commission de droit commun. En effet, seul le tireur apparaît dans la relation cambiaire, le donneur d'ordre étant dans l'ombre, donc occulte. S'il est révélé, le tireur devient mandataire. Les effets du tirage pour compte doivent être précisés au regard des trois personnes intéressées.

Seul le tireur pour compte est officiellement connu dans le mécanisme par sa signature sur l'effet de commerce. C'est lui qui souscrit un engagement cambiaire à l'égard des porteurs successifs du titre.

Le donneur d'ordre n'est pas un débiteur cambiaire et ne peut donc pas être poursuivi sur ce fondement. Pourtant, il est tenu de fournir la provision en faisant en sorte que le tiré devienne débiteur. Mais il exécute cette obligation dans le cadre du rapport fondamental qui ne relève pas du droit cambiaire.

Les rapports entre le donneur d'ordre et le tireur pour compte sont fondés sur le mandat existant entre eux. Le donneur d'ordre est considéré comme mandant.

2. L'émission de la lettre de change par un mandataire

Le mandataire agit dans le cadre d'un mandat ou procuration donnée par le mandant avec pour mission d'émettre ou de signer la traite. Le mandataire devra faire apparaître clairement sa qualité sur le titre pour ne pas être tenu comme débiteur cambiaire.

Par opposition au droit commun du mandat, le mandataire qui dépasse ses pouvoirs ainsi que le faux mandataire deviennent des débiteurs cambiaires sur le fondement de l'article L. 511-5 alinéa 3 C. com. :

« Quiconque appose sa signature sur une lettre de change comme représentant d'une personne pour laquelle il n'avait pas le pouvoir d'agir, est obligé lui-même en vertu de la lettre et, s'il a payé, a les mêmes droits qu'aurait eus le prétendu représenté. Il en est de même du représentant qui a dépassé ses pouvoirs. » Mais le pseudo-mandant peut être tenu sur le fondement du mandat apparent ou s'il a ratifié l'acte du faux mandataire.

3. L'émission de la lettre de change par le représentant d'une personne morale

Le problème se pose surtout dans le cas de l'émission d'une lettre de change par un représentant d'une société. Dans ce cas, il faut articuler le droit des sociétés avec le droit cambiaire (article L. 511-5 alinéa 3 précité). Il convient alors de distinguer les sociétés selon l'étendue des pouvoirs du représentant. Ainsi, dans les sociétés où le représentant dispose des pouvoirs légaux étendus et qui engagent la société même par des actes accomplis en violation de la clause limitative de son pouvoir, la société restera tenue par l'engagement cambiaire souscrit par un tel représentant. La justification doit être tirée du droit des sociétés selon lequel ces clauses limitatives sont inopposables aux tiers. La société ne pourra donc pas opposer de telles clauses au porteur de l'effet. Le droit des sociétés vient ainsi renforcer la protection du porteur. Cette solution s'applique aux sociétés à risque limité, SARL, SA notamment.

Dans les autres sociétés dont les dirigeants ne disposent pas des pouvoirs aussi étendus à l'égard des tiers, le régime du mandat reste applicable si le représentant respecte ses pouvoirs. Mais en cas d'excès, la clause limitative sera opposée au porteur et l'article L. 511-5 al. 3 permettra de retenir le souscripteur dans le rapport cambiaire. Mais la théorie du mandat apparent pourra s'appliquer à la société.

SECTION 2
La circulation de la lettre de change

La lettre de change circule par le procédé appelé endossement, consistant à retourner le titre pour y apposer la signature qui permet la circulation de l'effet de commerce. Toute lettre de change est transmissible par endossement (C. com., art. L. 511-8), mais il peut être interdit par une clause expresse du titre[6]. L'endossement permet soit le transfert de la créance (**endossement translatif**), soit d'accorder un simple mandat d'encaisser le paiement (**endossement de procuration**), soit d'effectuer un gage (**endossement pignoratif**).

§ 1 – L'endossement translatif

A – Les conditions de l'endossement translatif

Sur le plan de la forme, cet endossement résulte de la signature de l'endosseur apposée au dos de la lettre de change ou sur allonge[7]. La signature peut être manuscrite

---

[6] Com., 9 avril 2013, n° 12-14.133 (n° 394 FS-P+B) ; L'Essentiel droit bancaire, 1er juin 2013, n° 6 p. 2 obs. Lasserre Capdeville. Selon cet arrêt, il résulte de l'article L. 511-8, alinéa 2, du Code de commerce que si la lettre de change est transmissible par endossement, il est, toutefois, possible d'exclure celui-ci par une clause expresse.

[7] Com. 20 nov. 1990, n° 89-14990 : décision ayant admis comme allonge la signature sur un bordereau de remise de l'effet à la banque attaché à la lettre de change.

ou un procédé mécanique ou une griffe. Mais le cachet commercial comportant le nom d'une société, son adresse et ses coordonnées téléphoniques n'est pas admis comme signature par la jurisprudence. L'endossement translatif peut, à l'égard des tiers, résulter d'une simple signature. L'endossement sous condition ou partiel est interdit.

L'endossement a lieu en principe avant l'échéance. Mais l'article L. 511-4 alinéa 1 C. com. déroge à ce principe en admettant l'endossement postérieur à l'échéance, à condition que ce soit avant l'établissement du protêt. L'endossement sans date est présumé antérieur à l'expiration du délai pour faire dresser un protêt.

L'endossement peut être nominatif en portant indication du bénéficiaire ou être en blanc. L'endossataire peut à son tour endosser en blanc ou compléter l'endossement par son propre nom ou le nom d'un tiers ou remettre l'effet à un tiers sans l'endosser.

Sur le fond, l'endossement est libre pour l'endosseur qui doit par ailleurs avoir la capacité et éventuellement le pouvoir pour souscrire un engagement cambiaire. Le consentement de l'endossataire est nécessaire. Il peut s'agir d'une personne déjà engagée par la lettre de change ou un tiers.

B – Les effets de l'endossement translatif

1. L'endossement transmet les droits résultant de la lettre de change

L'article L. 511-9 C. com. énonce que « L'endossement transmet tous les droits résultant de la lettre de change ». Les droits nés de la traite sont toutes les prérogatives de l'endosseur en vertu du titre. L'endossataire devient propriétaire du titre avec la créance qu'il incorpore et les attributs de cette créance. Ainsi, l'endossataire a le droit de demander au tiré d'accepter la lettre de change, de l'endosser à son tour. L'article L. 511-7 précise l'étendue du transfert en affirmant que les droits sont transmis de plein droit aux porteurs successifs sur la créance et les sûretés qui garantissent le paiement.

La transmission de plein droit traduit l'automaticité, à la date de la remise du titre, ainsi que l'affirme un arrêt de la chambre commerciale en date du 3 juin 2003 (n° 00-11348) : « *Et attendu, en second lieu, que le porteur d'une lettre de change acquérant, lors de l'endossement du titre, un droit exclusif sur la provision dont le tiré, même non acceptant, est détenteur à l'échéance, et aucune des parties n'ayant jamais contesté la qualité de porteur légitime de la Sugamo Shinkin Bank, la décision se trouve justifiée, par ce motif de pur droit, substitué à ceux critiqués* ».

Cette date est importante pour le porteur car elle permet de déterminer le moment où le titre et les droits qui en résultent sortent du patrimoine de l'endosseur pour entrer dans celui de l'endossataire qui peut dès lors échapper au concours des autres créanciers et à la procédure collective contre l'endosseur.

Par ailleurs, l'endosseur devient débiteur solidaire pour avoir apposé sa signature sur la lettre de change et s'ajoute aux autres signataires du titre pour augmenter le nombre de débiteurs cambiaires. Il est alors garant de l'acceptation et du paiement, à moins qu'il n'indique clairement sur l'effet qu'il n'entend assumer aucune de ces garanties.

2. L'inopposabilité des exceptions

Ce principe est affirmé par l'article L. 511-12 C. com. : « les personnes actionnées en vertu de la lettre de change ne peuvent pas opposer au porteur les exceptions fondées sur leurs rapports personnels avec le tireur ou avec les porteurs antérieurs, à moins que le porteur, en acquérant la lettre, n'ait agi sciemment au détriment du débiteur ».

C'est un principe fondamental qui témoigne du caractère abstrait de l'engagement cambiaire puisqu'aucun signataire ne peut invoquer le rapport fondamental qui le lie aux précédents signataires contre le porteur de bonne foi. Le porteur est donc dispensé de faire des recherches sur les rapports ayant fondé la circulation de la lettre de change et se trouve ainsi protégé.

Les personnes susceptibles d'être actionnées « en vertu de la lettre de change », c'est-à-dire sur le fondement du droit cambiaire, sont uniquement celles qui ont signé à quelque titre que ce soit la lettre de change. On peut citer le tireur, l'endosseur, l'avaliste, le tiré accepteur.

Le principe de l'inopposabilité se fonde sur l'apparence créée par l'existence de toutes les mentions obligatoires sur le titre et ne protège que le porteur de bonne foi.

Pourtant, certaines exceptions sont opposables au porteur. Il en est ainsi des exceptions suivantes :

Les irrégularités formelles sont opposables au porteur de bonne foi. L'absence d'une mention obligatoire entraînant l'invalidité du titre est opposable au porteur de bonne foi.

Le vice d'incapacité est opposable par l'incapacité au porteur de bonne foi.

Les rapports entre le débiteur poursuivi et le poursuivant. Ainsi, le tiré accepteur peut opposer au tireur le défaut de provision si, par exemple, le tireur lui a vendu des marchandises sans les mettre à sa disposition.

La mauvaise foi du porteur est opposable à ce dernier. La mauvaise foi est la conscience du préjudice causé par l'endossement au débiteur cambiaire « en le plaçant dans l'impossibilité de se prévaloir, vis-à-vis du tireur ou d'un précédent endosseur, d'un moyen de défense issu de ses relations avec ces derniers ». Cette définition de la mauvaise foi résulte des cinq arrêts restés célèbres, de la chambre commerciale de la Cour de cassation, en date du 26 juin 1956, Sté Worms, JCP 1956, II, 9600. La mauvaise foi s'apprécie lors de l'acquisition de la lettre de change. La mauvaise foi doit être prouvée par celui qui l'invoque, en l'occurrence, le débiteur cambiaire poursuivi par le porteur.

§ 2 – Les endossements non translatifs

A – L'endossement de procuration

Il s'agit d'un mandat en vue du recouvrement du montant de la traite à l'échéance. Il suffit d'apposer sur le titre la mention suivante, « valeur en recouvrement » ou « pour encaissement », « par procuration », ou toute autre mention équivalente au mandat. L'endossement sans mention claire du mandat est présumé translatif.

Le mandataire obtient tous les droits résultant du titre (C. com. Art. L. 511-13) : présenter le titre à l'acceptation, au paiement, faire dresser un protêt. Il peut se voir opposer toutes les exceptions que l'endosseur aurait pu faire valoir à l'encontre de l'endosseur qui est son mandant. Les sommes encaissées sont restituées à l'endosseur-mandant. Le régime du mandat est donc applicable parallèlement au droit cambiaire qui régit les rapports de l'endosseur-mandant avec le débiteur cambiaire.

B – L'endossement pignoratif

Cet endossement est une modalité d'affectation de la lettre de change en gage. Il suffit de porter la mention « valeur en gage ou en garantie » ou toute autre mention l'exprimant en termes clairs et non équivoques. L'endosseur doit être le porteur légitime, ayant la capacité commerciale comme l'endosseur à effet translatif.

Le porteur acquiert la qualité de créancier gagiste porteur. En tant que porteur, il peut encaisser à l'échéance car l'article L. 511-13 lui confère tous les droits dérivant de la lettre de change, sauf qu'il ne peut endosser que pour encaisser et non à titre translatif. Le surplus des sommes encaissées est restitué à l'endosseur puisqu'il ne peut se désintéresser qu'à concurrence de la créance garantie.

SECTION 3
Le paiement de la lettre de change

La lettre de change est un instrument de crédit à court terme, c'est-à-dire que la durée de circulation est limitée dans le temps, à la date d'échéance. À ce moment, le paiement doit mettre un terme à la circulation. Il convient d'examiner les garanties de paiement avant les règles de réalisation du paiement.

§ 1 – LES GARANTIES DE PAIEMENT DE LA LETTRE DE CHANGE

A – La provision de la lettre de change

La provision est le montant de la lettre de change, représentant en principe la créance du tireur contre le tiré.

1. Les caractères de la provision

L'existence de la provision – La provision existe lorsque le tireur est créancier du tiré, car c'est cette créance que le titre contient. **Cette provision doit exister à l'échéance** car la lettre de change est un instrument de crédit. Il en est ainsi lorsqu'à l'échéance, le tireur est créancier du tiré pour le montant de la lettre de change. Le tireur devient créancier-tireur de la lettre de change s'il a correctement exécuté ses obligations de vendeur, permettant ainsi que l'acheteur devient effectivement son débiteur du prix de vente. La provision doit être fournie par le tireur ou le donneur d'ordre en cas de tirage par représentation, et ce, au plus tard à la date d'échéance.

L'absence de provision – La provision étant la créance du tireur sur le tiré, il y a absence de provision lorsqu'une telle créance n'existe pas. Le plus souvent, parce qu'il n'y a aucun rapport fondamental susceptible de faire naître une telle créance. On parle alors d'effet tiré par complaisance ou effet de complaisance. Le motif de l'émission est tout simplement le besoin d'utiliser l'effet comme instrument de crédit par le tireur, en faisant croire à l'existence de sa créance sur le tiré qui accepte l'effet en y apposant sa signature afin d'aider le tireur à en faire usage pour se financer auprès d'une banque. Le tireur est le complu, le tiré accepteur est le complaisant.

Le problème est de savoir quel est le régime juridique d'un tel effet. Il faut savoir que l'effet est valable puisque la validité dépend exclusivement du contenu du titre qui doit contenir les huit séries de mentions requises par l'article L. 511-1 du Code de commerce. Les signataires souscrivent des engagements cambiaires par leur signature sur le titre.

Il en résulte que le porteur de bonne foi conserve ses droits nés de la lettre de change et doit donc être payé à l'échéance en vertu des règles du droit cambiaire.

En revanche, dans les rapports entre les parties à la convention de complaisance, l'effet est nul ainsi que les engagements cambiaires des parties. Le tiré complaisant peut donc refuser de payer le tireur et s'il a payé le porteur de bonne foi, il peut exercer un recours contre le tireur. Mais ce recours est fondé sur le droit commun, par une *action de in rem verso* contre le tireur, action qui n'aboutira au remboursement que dans la mesure où le tireur se sera enrichi, ce qui n'est pas souvent le cas.

2. Les droits du porteur sur la provision

Il convient de rappeler les dispositions de l'article L. 511-7, alinéa 3 du Code de commerce qui énoncent que l'endossement translatif a pour effet de transférer de plein droit tous les droits résultant de la lettre de change, notamment les droits sur la provision. Or, ce transfert immédiat paraît en contradiction avec l'idée que la provision doit exister seulement à l'échéance de la lettre de change. Pour résoudre cette difficulté, la doctrine suggère de distinguer deux cas, selon que la lettre de change est acceptée par le tiré ou non.

Si la lettre de change est acceptée, la provision est considérée comme définitivement sortie du patrimoine du tireur et échappe donc aux créanciers dont la créance est postérieure à la transmission. La provision va donc échapper à la procédure collective du tireur dans ces conditions. Cet effet de l'acceptation est indépendant de l'existence réelle de la créance du tireur contre le tiré. D'ailleurs, l'acceptation fait présumer l'existence de la provision et l'engagement formel du tiré de payer le porteur de bonne foi doit être tenu.

Si la lettre de change n'est pas acceptée, la jurisprudence fragilise les droits du porteur sur la provision en jugeant que ce droit est simplement éventuel et qu'il peut être anéanti soit parce que le tireur peut réclamer la provision au tiré, soit parce que le tiré peut opposer au porteur de bonne foi la compensation entre la créance de provision et sa propre créance contre le tireur. Mais cette jurisprudence permet au porteur de bonne foi de sécuriser ses droits, par exemple, en procédant à une saisie conservatoire entre les mains du tiré, soit en lui adressant une interdiction de payer toute personne autre que lui, le porteur. Encore faut-il que le porteur prouve l'existence de la provision dans ces cas. Or, selon cette jurisprudence, ces mesures de sécurité ne confèrent pas la qualité de propriétaire de la provision au porteur. C'est seulement à l'échéance qu'il acquiert cette qualité. D'où la critique de la doctrine qui estime à juste titre que les solutions jurisprudentielles sont incompatibles avec le transfert immédiat de la provision lors de l'endossement de la lettre de change. En attendant un revirement éventuel de la jurisprudence ou l'intervention du législateur, l'acceptation garantit le paiement de la lettre change au porteur.

B – L'acceptation de la lettre de change

L'acceptation est un terme spécifique au droit cambiaire pour désigner l'engagement du tiré par sa signature sur l'effet de commerce. Cet engagement n'existe qu'à certaines conditions pour servir comme garantie du paiement pour le porteur de l'effet à l'échéance.

1. Le caractère facultatif et formaliste de l'acceptation

L'acceptation est facultative et formaliste d'abord pour le porteur – Pour faire accepter, il faut d'abord que le titre soit présenté à l'acceptation. – Cette présentation est facultative pour le porteur qui ne peut donc pas être sanctionné pour non-présentation du titre à l'acceptation. L'acceptation ne figure pas sur la liste des mentions obligatoires établie par l'article L. 511-1 du Code de commerce.

Exceptions – Dans certains cas, le porteur peut être obligé de présenter le titre à l'acceptation et dans d'autres cette formalité peut être interdite.

La présentation à l'acceptation peut être imposée au porteur par une mention du tireur, sous peine pour le porteur de perdre ses recours contre les garants. Par ailleurs, l'article L. 511-15, al. 6, C. com, énonce que la lettre de change à échéance d'un certain délai de vue doit être présentée à l'acceptation dans un délai d'un an à partir de sa date.

La présentation à l'acceptation peut être interdite par une clause « non acceptable » mentionnée sur la lettre de change, clause émanant généralement du tiré qui n'entend pas accepter le titre. Encore faut-il qu'une telle clause ne soit pas interdite par une loi, auquel cas elle serait réputée non écrite. L'acceptation est inutile lorsque le montant de la lettre de change est modeste ou en cas de tirage d'une société mère sur sa filiale et que le paiement est donc certain.

Qui et comment présenter la lettre de change à l'acceptation ? La présentation est faite par le porteur, le détenteur ou le tireur. En effet, il n'est pas nécessaire de justifier de la qualité de présentateur. La présentation est faite au domicile du tiré, au siège de son activité ou au lieu d'habitation personnelle du tiré. Elle peut être sollicitée dès l'émission et jusqu'à la veille de l'échéance, à moins qu'une clause spécifique impose un délai pour présenter ou lorsque la lettre de change est à échéance « payable à un délai de vue ». Dans la pratique, le titre est adressé par voie postale pour acceptation.

L'acceptation est facultative et formaliste pour le tiré – Le tiré n'est pas obligé d'accepter la lettre de change qui lui est présentée. Il peut donc accepter ou refuser, ou demander une seconde présentation.

L'acceptation est cependant obligatoire dans certains cas, en vertu d'une convention. Mais il faut surtout souligner l'usage commercial qui oblige le tiré à accepter dans les rapports entre commerçants, cas prévu par l'article L. 511-15 en ses deux derniers alinéas qui en organisent les conditions. Il en ressort que dans le cadre d'une vente de marchandises entre commerçants, si le tireur a rempli ses obligations contractuelles, le tiré ne peut pas refuser d'accepter une telle lettre de change dès l'expiration d'un délai conforme aux usages normaux du commerce en matière de reconnaissance de marchandises. Son refus sera sanctionné par la déchéance du terme à ses frais.

Le refus d'acceptation est constaté par un protêt, sauf si l'effet est stipulé sans frais. En l'absence de protêt, aucun recours immédiat n'est possible. Il faut alors attendre l'échéance pour demander le paiement dont le refus donnera lieu à l'établissement du protêt faute de paiement.

Quelles sont les formes de l'acceptation ? L'article L. 511-17 précise la forme de l'acceptation. Le tiré appose sur la lettre de change et non sur un acte séparé, la mention « accepté » ou toute mention équivalente. Mais la simple signature au recto engage le tiré. La signature du tiré doit être manuscrite, l'article précité n'ayant pas prévu une autre forme. Encore faut-il que ce soit la signature du tiré et non celle d'un tiers sans pouvoir de représentation. Le tiré n'est en aucun cas tenu par une fausse signature qui n'est donc ni la sienne, ni celle de son représentant. La contestation de la signature par le tiré oblige le juge à le vérifier.

Sur le fond, l'acceptation est soumise à trois séries de conditions. L'acceptation est un acte juridique soumis à ce titre aux conditions générales des actes juridiques. Parce qu'elle crée un engagement cambiaire, le tiré doit avoir la capacité cambiaire et le titre doit être valable en la forme, sinon l'acceptation ne donne lieu à aucun engagement cambiaire. L'acceptation doit être faite sans condition, sans réserve et sans modifier la lettre de change. L'acceptation sous condition est nulle car elle équivaut au refus d'accepter.

2. Les effets de l'acceptation

A. Les effets de l'acceptation dans les rapports du tiré accepteur avec le porteur de bonne foi

L'acceptation fait présumer l'existence de la provision, selon l'article L. 511-7, alinéa 4 : « L'acceptation suppose la provision. » L'acceptation prouve l'existence de la provision à l'égard des endosseurs.

La provision sort du patrimoine du tireur qui ne peut plus la revendiquer.

Mais surtout, l'article L. 511-19 rappelle **l'engagement cambiaire** du tiré qui accepte la lettre de change : « Par l'acceptation, le tiré s'oblige à payer la lettre de change à l'échéance. » Il devient donc débiteur cambiaire qu'il n'est pas tant qu'il n'a pas apposé sa signature sur la lettre de change. Ce sont donc les règles de paiement prévues par le droit cambiaire qui s'appliquent au tiré accepteur. Ainsi, l'article L. 511-19, al. 2 prévoit que le porteur peut réclamer toutes les sommes dues en vertu de la lettre de change, lesquelles figurent aux articles L. 511-45 et L. 511-46 du Code de commerce, dans le cadre des recours du porteur contre les débiteurs cambiaires.

Le tiré accepteur est l'un des débiteurs solidaires visés par l'article L. 511-44, al. 1. « Tous ceux qui ont tiré, accepté, endossé ou avalisé une lettre de change sont tenus solidairement envers le porteur. » La solidarité emporte les conséquences habituelles de la solidarité passive à l'égard du créancier qui sera le porteur de la lettre de change ou toute personne ayant eu à payer ce dernier. L'article L. 511-44 al. 2 à 4 reprend ces modalités de l'action pour les appliquer aux recours cambiaires. Ainsi, le porteur pourra agir contre tous les codébiteurs, individuellement ou collectivement, sans avoir à observer un ordre donné. Agir contre l'un des codébiteurs ne l'empêche pas de poursuivre les autres. C'est donc le porteur qui choisit le débiteur qu'il poursuit, mais il est obligé de demander le paiement à l'échéance au tiré accepteur ou non. Le débiteur poursuivi devra régler l'intégralité de la dette.

La règle de l'inopposabilité des exceptions : art. L. 511-12. Cette règle a été exposée plus haut et il convient de rappeler simplement qu'en principe, les exceptions tirées des rapports d'un débiteur cambiaire avec les précédents signataires de la lettre de change sont inopposables au porteur de bonne foi. Le principe comporte des exceptions : les vices de forme, l'incapacité d'un signataire, la mauvaise foi du porteur lors de l'acquisition de la lettre change, les exceptions fondées sur les rapports du débiteur poursuivi avec le porteur poursuivant, sont opposables à celui-ci.

B. Les effets de l'acceptation dans les rapports du tiré accepteur avec le tireur

Le problème se pose lorsque le tireur devient porteur de la lettre de change, de savoir s'il a le même statut que tout autre porteur. Faut-il lui reconnaître les mêmes droits, étant donné que la lettre de change est créée sur la base de ses rapports avec le tiré ? Le tireur cumule en effet dans ce cas trois qualités dont l'une de droit commun et les deux autres de droit cambiaire. Il est créancier-tireur-porteur. Il y a juxtaposition ou cumul de ses droits. Cette coexistence du rapport fondamental et du rapport cambiaire est-elle synonyme d'autonomie au point de lui assurer le bénéfice de l'inopposabilité des exceptions ?

La jurisprudence répond à cette question négativement. Il n'y a pas d'autonomie entre les deux types de rapports car ce serait encourager la mauvaise foi du tireur qui n'aurait pas fourni la provision. Par ailleurs, au plan technique, l'article L. 511-12 indique clairement que les exceptions personnelles au débiteur poursuivi et au porteur poursuivant sont opposables à ce dernier. D'où cette conclusion d'un auteur[8]: « l'abstraction de la lettre de change se réduit aux rapports des signataires avec un tiers porteur, car les exigences du crédit sont directement en cause ».

C – L'aval de la lettre de change

L'aval est l'engagement cambiaire pris par une personne pour garantir le paiement de la lettre de change par un débiteur cambiaire. Le donneur d'aval est l'avaliste ou

---

[8] C. Gavalda, J. Stoufflet, *Instruments de paiement et de crédit*, Litec, 2006, n° 86, p. 99.

l'avaliseur. On a coutume de dire que l'aval est la forme cambiaire du cautionnement, raison pour laquelle la Cour de cassation avait pu juger que l'aval irrégulier pouvait devenir un cautionnement[9]. Mais la Cour de cassation est revenue sur cette position[10] pour insister sur la nécessité de distinguer entre l'aval et le cautionnement, selon une formule désormais classique : « l'aval, en ce qu'il garantit le paiement d'un titre dont la régularité n'est pas discutée, constitue un engagement cambiaire gouverné par les règles propres du droit de change ». La Haute juridiction conclut que l'avaliste ne peut pas rechercher la responsabilité de la banque, bénéficiaire d'une lettre de change ou d'un billet à ordre pour manquement à un devoir d'information envers la caution selon les prescriptions du Code de la consommation.

Or, en marge de cette jurisprudence, la Cour de cassation a retenu que l'article 1415 du Code civil qui exige le consentement exprès donné par un époux au cautionnement donné par son conjoint est applicable à l'aval.

L'aval est régi par l'article L. 511-21 du Code de commerce qui en énonce les conditions et les effets.

1. Les conditions de forme de l'aval

Le caractère formaliste de l'acte d'aval selon l'article L. 511-21 – Ce texte prévoit plusieurs formes de l'acte de l'aval.

L'aval peut être donné sur la lettre de change ou sur allonge. Dans ce cas, il est exprimé par la mention « bon pour aval » ou par toute autre formule équivalente. L'acte

---

[9] Com., 24 avr. 1990, n° 88-15114.

[10] Com., 20 avr. 2017, n° 15-14812 ; Com., 18 juin 2009, n° 08-14532, D 2009. 1755 ; RTD civ. 2009, p. 759, obs. P.
Crocq ; RTD com. 2009, p. 605 et 798 ; Com. 30 oct. 2012, n° 11-23519, D 2012, p. 2588 et D 2013, p. 1172.
L'Essentiel Droit bancaire, 1er dé c. 2012, n° 11 p. 5 ; Civ. 1re, 19 déc. 2013, n° 12 – 25888, L'Essentiel du droit banc aire, 2014, n° 005, p. 3.

est ensuite signé par le donneur d'ordre. La seule signature apposée au recto de la lettre de change sauf s'il s'agit de la signature du tireur ou du tiré. En tout état de cause, la signature de l'avaliste est manuscrite. L'aval ne peut donc pas être valablement donné par mention d'un numéro dans le texte d'un télex d'après la jurisprudence.

L'aval donné par acte séparé. Cette forme de l'aval est admise par l'article L. 511-21 en son alinéa 3 qui fixe une condition de l'indication du lieu où il est donné. Mais la jurisprudence ajoute l'exigence de la signature et de l'indication du montant des sommes garanties et la durée de l'aval et que l'acte d'aval fasse référence à la lettre de change garantie ainsi que son montant.

Le formalisme vise enfin l'indication du montant garanti par l'avaliste. Le donneur d'aval peut garantir la totalité ou seulement une partie du montant de la lettre de change, partie qu'il doit alors mentionner sur le titre, cette information étant capitale pour le porteur de l'effet puisqu'elle réduit l'étendue de la garantie.

2. Les conditions de fond de l'aval

Le donneur d'aval – L'aval est un engagement cambiaire souscrit librement par l'avaliste dont le consentement ne doit pas être vicié.

Le donneur d'aval doit avoir la capacité commerciale et la capacité cambiaire lorsqu'il s'agit d'un tiers. Ainsi, l'avaliste non commerçant, mais ayant la capacité commerciale et cambiaire au regard du droit de la consommation, « peut être poursuivi cambiairement sans qu'il y ait à rechercher s'il avait un intérêt patrimonial à l'opération commerciale à l'occasion de laquelle l'effet a été émis »[11] Le Trésor public ne peut prendre aucun engagement cambiaire et n'a donc pas la capacité cambiaire.

---

[11] Com. 1er oct. 1996, RTD com. 1997, p. 120

Même un signataire peut avaliser une lettre de change, à condition que son engagement soit utile comme garantie de la traite, ce qui suppose que l'avaliste ne soit pas déjà lourdement engagé en vertu de la lettre de change.

L'aval donné par un époux commun en biens engage les biens communs seulement si l'autre époux y a expressément consenti en vertu de l'article 1415 du Code civil.

Le bénéficiaire de l'aval – Le bénéficiaire de l'aval peut être le tireur, le tiré accepteur, l'un des endosseurs ou un donneur d'aval. Le débiteur avalisé est alors une personne déjà dans le lien cambiaire. En tout état de cause, le bénéficiaire doit être indiqué car l'article L. 511-21, al. 6, exige que « l'aval doit indiquer pour le compte de qui il est donné ». À défaut de cette indication, l'aval est présumé donné pour le tireur, présomption irréfragable[12]. La preuve peut se faire par tous moyens.

3. Les effets de l'aval

Détermination des engagements du donneur d'aval

L'aval crée l'engagement cambiaire de l'avaliste. Il est tenu de la même manière que celui dont il se porte garant. Par conséquent, il peut opposer au porteur les mêmes exceptions que pouvait faire valoir celui dont il se porte garant : la négligence du porteur, la prescription. De même, il peut contester la présomption de provision de la lettre de change acceptée, mais il doit, tout comme le tiré accepteur, établir le défaut de provision[13].

Mais son engagement est à la fois de nature cambiaire et celui de la caution solidaire.

En sa qualité de débiteur cambiaire, il est soumis au principe de l'inopposabilité des exceptions. Son engagement cambiaire est valable même quand l'obligation qu'il garantit est nulle pour toute cause autre qu'un vice de

---

[12] Cass. Ch. Réun., 8 mars 1960, D 1961, p. 209 ; JCP 1960, I, 11616

[13] Com. 1er avr. 2014 D 2014 p. 1253.

forme, sauf preuve de la mauvaise foi du porteur de la lettre de change.

L'avaliste est débiteur solidaire des autres débiteurs en vertu de la lettre de change pour avoir apposé leur signature sur le titre. Il devient donc débiteur solidaire dont les conséquences sont celles décrites par l'article 1313 du Code civil (ord. 10 févr. 2016)[14] et ne peut se prévaloir ni du bénéfice de discussion, ni du bénéfice de division.

Mais son engagement est accessoire comme celui de la caution, il peut alors opposer au porteur les exceptions appartenant au débiteur principal comme indiqué plus haut : la négligence du porteur ayant omis de faire établir le protêt pour non-paiement par le tiré, la prescription invocable par le débiteur garanti.

Les cas d'inefficacité de l'aval – Les effets de l'aval précédents ne s'appliquent que si l'aval est lui-même régulier et que la lettre de change l'est aussi.

L'aval irrégulier n'est pas source d'un engagement cambiaire. Mais l'aval peut dégénérer en cautionnement de la dette principale. C'est encore la conversion par réduction.

L'aval est nul si l'effet de commerce est irrégulier en la forme. Ainsi, à défaut de signature du tireur, la lettre de change est nulle et l'aval subit la même sanction[15].

Les recours de l'avaliste – Après avoir payé le porteur de la lettre de change en lieu et place du débiteur garanti, l'avaliste dispose de deux types de recours. D'une part, il peut agir contre l'avalisé, par les recours cambiaires qui lui permettent de réclamer l'intégralité des sommes payées

---

[14] Article 1313. La solidarité entre les débiteurs oblige chacun d'eux à toute la dette. Le paiement fait par l'un d'eux les libère tous envers le créancier. Le créancier peut demander le paiement au débiteur solidaire de son choix. Les poursuites exercées contre l'un des débiteurs solidaires n'empêchent pas le créancier d'en exercer de pareilles contre les autres.

[15] Com. 8 sept. 2015, n° 14-14208, « L'Essentiel du droit bancaire », nov. 2015, n° 170, p. 6.

avec intérêts au taux légal à compter du jour où il a dû payer, plus tous les frais qu'il a supportés. Il exerce ainsi les droits qu'il a acquis pour avoir payé à la place du débiteur garanti. D'autre part, l'avaliste acquiert le droit d'exercer tous les recours que le débiteur garanti aurait pu exercer en payant le porteur. Il peut donc recourir contre les précédents endosseurs, le tiré accepteur et le tireur en cas de paiement à la place d'un endosseur. S'il a payé pour le tireur, il peut recourir contre le tiré-accepteur et bénéficier de l'inopposabilité des exceptions s'il est de bonne foi. Ainsi, le tiré-accepteur ne pourra pas lui opposer l'absence de provision car il est un tiers porteur de bonne foi.

§ 2 – Le paiement de la lettre de change

A – La présentation au paiement de l'effet à l'échéance

L'échéance est importante pour le porteur car c'est la date à laquelle il doit présenter le titre au tiré pour le paiement et pouvoir, à défaut de paiement, le faire constater et exercer les recours cambiaires à l'encontre des autres signataires de l'effet.

L'échéance est aussi importante pour le tiré, car c'est le moment où il doit impérativement payer la lettre de change sans pouvoir bénéficier d'une prorogation de délai ni légale, ni judiciaire, ce bénéfice étant interdit par l'article L. 511-81 C. com. Le tiré accepteur ne peut non plus payer avant ce moment ; en effet, il résulte de l'article L. 511-28 que le tiré ne peut pas contraindre le porteur à recevoir le paiement anticipé et qu'un tel paiement est effectué aux risques et périls du tiré. En somme, seul le paiement effectué à l'échéance est libératoire.

L'échéance s'impose donc au porteur comme au tiré. Mais la date d'échéance pourrait être prorogée par un texte ou d'un commun accord entre le porteur et le tiré, sans qu'un tel accord soit opposable aux autres signataires de la traite.

À l'échéance déterminée selon les modalités exposées précédemment, le porteur présente la lettre au paiement soit au domicile du tiré soit chez le domiciliataire indiqué dans la clause de domiciliation. La banque domiciliataire devra alors recevoir du tiré un mandat spécial de payer, sinon le paiement n'est pas opposable au tiré. Mais le paiement n'a lieu qu'après preuve de la qualité de porteur légitime, découlant de la suite ininterrompue des endossements sur la lettre de change. Le débiteur cambiaire doit donc vérifier la régularité formelle du titre et la qualité de porteur légitime avant de procéder au paiement (C. com. Art. L. 511-28, al. 3).

Si le tiré refuse de payer, le porteur le fait constater par un acte d'huissier appelé protêt. Il peut alors exercer ses recours en vertu de cette lettre de change contre les autres signataires.

B – Les recours en cas de non-paiement

Importance du protêt – Le protêt est l'acte d'huissier constatant le défaut d'acceptation ou de paiement de la lettre de change. En cas de non-acceptation, le protêt permet au porteur d'exercer ses recours avant l'échéance contre les garants, mais à défaut de ce protêt, il conserve le droit de présenter la lettre de change au paiement à l'échéance. En revanche, le protêt faute de paiement est nécessaire pour exercer les recours cambiaires. Le porteur est négligent et perd ses recours s'il ne fait pas constater le non-paiement par le protêt. Le porteur peut cependant être dispensé du protêt. Ainsi, le protêt est inutile lorsqu'un jugement de redressement ou de liquidation est intervenu contre le tiré ou le tireur. Il en est de même s'il en est dispensé par un texte.

Le protêt est un acte authentique, car établi par un huissier, dans le respect des dispositions des articles L. 511-52 à 511-54 C. com. qui fixent les règles d'établissement. Le porteur muni du protêt en donne avis à son propre endosseur qui, à son tour, informe le sien, ainsi de suite jusqu'au tireur. Les délais d'information en cascade sont fixés par l'article L. 511-42 C. com.

Le protêt fait l'objet de publicité au greffe du tribunal de commerce par l'huissier qui y adresse deux copies dont l'une sera conservée dans ce service et l'autre transmis au Procureur de la République. Tout intéressé pourra obtenir un extrait au greffe du tribunal. La radiation de l'inscription sera effectuée sur justification d'une quittance de paiement et remise de l'effet.

Exercice des recours cambiaires – Les recours cambiaires sont ceux que prévoient les dispositions du Code de commerce relatives à la lettre de change. Il ne faut donc pas les confondre avec les actions de droit commun des obligations.

Les recours cambiaires sont ouverts au porteur non négligent ou à tous ceux qui l'ont payée. En effet, le signataire qui a payé la lettre de change acquiert tous les droits du porteur et peut poursuivre les signataires antérieurs en paiement sur le fondement de l'article L. 511-47, al. 2 C. com.

L'exercice des recours cambiaires permet d'obtenir le paiement des sommes visées par l'article L. 511-45 C. com., à savoir, le montant de la lettre de change, les intérêts stipulés, les intérêts au taux légal à compter de l'échéance et les frais du protêt et des avis et de recouvrement.

Les modalités de recouvrement – Le recouvrement extrajudiciaire ou amiable consiste à demander au débiteur cambiaire de payer les sommes dues. Le débiteur peut réclamer comme contre-part remise de la lettre de change, du protêt et un compte acquitté. L'endosseur qui a payé peut en outre biffer son endossement et celui des endosseurs qui l'ont suivi, précaution qui évite la fraude. Si le porteur est une banque en relation d'affaires avec son endosseur, elle pourra procéder à la contre-passation, en inscrivant en sens inverse de l'écriture qui a été faite lors de la réception de l'effet impayé. La contre-passation doit avoir lieu dans les délais de recours cambiaires et les effets doivent être restitués au client de la banque puisque la contre-passation « vaut paiement ».

Le porteur de la lettre de change peut aussi assigner les signataires en paiement devant le tribunal de commerce, la lettre de change étant un acte de commerce par la forme. La procédure est alors celle de droit commun ou selon l'article 1405, 2°, du Code de procédure civile relatif à la procédure d'injonction de payer lorsque « L'engagement résulte de l'acceptation ou du tirage d'une lettre de change, de la souscription d'un billet à ordre, de l'endossement ou de l'aval de l'un ou l'autre de ces titres ou de l'acceptation de la cession de créances conformément à la loi n° 81-1 du 2 janvier 1981 facilitant le crédit aux entreprises » (articles L. 313-23 du Code monétaire et financier). Dans ce cadre, le porteur pourra obtenir du tribunal de commerce une autorisation de saisie-conservatoire des meubles du débiteur poursuivi.

Mais encore faut-il que les délais d'exercice des recours ne soient pas prescrits, les délais de **prescription étant ceux que prévoit l'article L. 511-78 C. com. Et schématisés par le tableau ci-après.**

Débiteur cambiaire poursuivi	**Délai de prescription**
Action contre l'accepteur	**3 ans à compter de l'échéance**
Action du porteur contre endosseurs et le tireur	**1 an à compter de la date du protêt ou de celle de l'échéance si clause de retour sans frais**
Actions des endosseurs les uns contre les autres et contre le tireur	**6 mois à compter du jour du Remboursement par l'endosseur ou du jour où il est lui-même actionné**
Actions exercées en justice	**Les prescriptions courent du jour de la dernière poursuite juridique**

Effets de la prescription = elle a un effet libératoire sur le plan cambiaire, en laissant donc subsister les actions extra-cambiaires nées du rapport fondamental, soumises donc au droit commun.

Les recours extra-cambiaires – Ces recours sont ouverts à tous ceux qui sont créanciers et ne peuvent pas exercer un recours cambiaire, soit en raison d'une faute de nature cambiaire (cas du porteur négligent), soit pour non-respect du délai de prescription ou autres raisons. Ces recours extra-cambiaires se distinguent des recours cambiaires par leur fondement, le rapport fondamental, et leur régime juridique lié à ce rapport. Il en est ainsi car la création du lien cambiaire laisse subsister le rapport fondamental simplement suspendu pour devenir efficace lorsque le rapport cambiaire ne l'est plus. Deux actions extra-cambiaires sont ainsi ouvertes au porteur de la lettre de change, l'action au titre de la provision et l'action au titre de la valeur fournie.

L'action au titre de la provision – Le porteur auquel la provision est transmise de plein droit par l'endossement translatif est créancier du tiré contre lequel il peut exercer l'action extra-cambiaire en paiement en cas de disparition de l'action cambiaire. Encore faut-il que le tireur ait fourni provision au tiré à l'échéance, en exécutant ses obligations afin de rendre le tiré débiteur à son égard. Le porteur agissant sur le terrain de droit commun risque de se voir opposer par le tiré les exceptions que ce dernier pouvait faire valoir contre le tireur, le principe de l'inopposabilité cambiaire n'étant plus applicable dans un cadre extra-cambiaire.

L'action au titre de la valeur fournie – La valeur fournie est l'objet du contrat qui a fait naître le lien cambiaire entre un endosseur et un endossataire. Le porteur privé des recours cambiaires est créancier de son propre débiteur en vertu de ce contrat ou rapport fondamental existant entre lui et son endosseur. Il peut donc agir contre son endosseur-débiteur de droit commun en remboursement de sa créance : c'est l'action au titre de la valeur fournie, en d'autres termes, au titre de la créance de droit commun qui peut être, par exemple, le prix des marchandises vendues ou le remboursement du crédit consenti par la banque qui a escompté l'effet.

CHAPITRE 3
LE BILLET À ORDRE

Le billet à ordre est un titre par lequel le souscripteur s'engage à payer au bénéficiaire ou à son ordre une somme déterminée à une échéance déterminée. Le billet à ordre se distingue de la lettre de change par le nombre d'intervenants intéressés à la création, le tireur et le tiré se confondent pour devenir souscripteur du billet à ordre. Au lieu d'un rapport triangulaire existant dans le mécanisme de la lettre de change, la création du billet à ordre fait naître le rapport cambiaire entre le souscripteur et le bénéficiaire ou porteur.

Il n'existe pas de texte spécifique au billet à ordre car le Code de commerce renvoie souvent au régime de la lettre de change qui devient ainsi le droit commun des effets de commerce. Les caractères essentiels des effets de commerce exposés dans le chapitre 1 s'appliquent donc aux deux titres, ainsi qu'on peut le constater dans les articles L. 512-1 et suivants du Code de commerce qui régissent le billet à ordre.

SECTION 1
La création du billet à ordre

§ 1 – Les conditions de forme

L'article L. 512-1 du Code de commerce énonce les mentions obligatoires en suivant la même logique que l'article L. 511-1 relatif au formalisme de la lettre de change. Ainsi, le billet à ordre ne reçoit cette qualification qu'avec les mentions obligatoires fixées par l'article L. 512-1 : la dénomination du titre insérée dans le texte et exprimée dans la langue employée pour la rédaction du titre ; la promesse pure et simple de payer la somme déterminée dans l'effet ; l'indication de l'échéance, celle-ci étant déterminée selon les mêmes modalités que pour la lettre de change à laquelle l'article L. 512-3 renvoie ; l'indication du lieu où le paiement doit être effectué ; le nom de celui auquel ou à l'ordre duquel le paiement doit être fait. Le billet à ordre en blanc n'est donc pas en principe valable comme tel. La jurisprudence permet le sauvetage du billet à ordre par le nom du premier endossataire, même s'il s'agit du souscripteur ayant ainsi la double qualité de souscripteur et bénéficiaire[16]. Le titre doit comporter en outre la date et le lieu de souscription du billet à ordre et la signature manuscrite du souscripteur.

Le titre ne comportant pas ces mentions obligatoires ne vaut pas comme billet à ordre, mais il peut valoir comme billet au porteur ou servir comme preuve de l'engagement de droit commun. En somme, il s'agit d'un titre extra-cambiaire non régi par le droit cambiaire.

Le billet à ordre irrégulier peut cependant être sauvé dans les cas prévus par l'article L. 512-1, II à IV. Ainsi, le billet à ordre sans indication de l'échéance est payable à vue ; en l'absence du lieu de création, le lieu du domicile du souscripteur est réputé être le lieu de création et de paiement.

En dehors des mentions obligatoires de l'article L. 512-1, toutes les autres mentions sont facultatives. Ces clauses sont valables à condition de figurer sur le titre et de ne pas neutraliser l'application du droit cambiaire. Le billet à ordre peut ainsi comporter comme clause facultative l'indication de la valeur fournie, la clause de dispense de

[16] Com. 13 sept. 2011, n° 10-19963.

protêt, la clause de domiciliation ou la clause exclusive de la garantie d'un endosseur.

§ 2 – Les conditions de fond

Les conditions de fond sont identiques à celles de la lettre de change. Il faut cependant souligner que le débiteur ne peut pas imposer au créancier le paiement par billet à ordre. Le recours à ce titre est permis seulement s'il y a eu une convention des parties et mentions sur la facture, règle d'ordre public selon l'article L. 512-8. En présence d'une telle convention, le souscripteur doit faire parvenir le billet à ordre au créancier dans les trente jours de l'envoi de la facture, délai impératif dont le non-respect autorise le créancier à émettre une traite sur le client alors tenu de l'accepter.

SECTION 2
La circulation du billet à ordre

Le billet à ordre circule, comme la lettre de change, par endossement translatif, aux fins de recouvrement ou pignoratif. Les règles examinées dans le cadre de la lettre de change sont donc applicables à la circulation du billet à ordre.

L'endossement translatif présente quelques particularités par rapport à la lettre de change. Certes, il transfère les droits résultant du titre s'il remplit les conditions de fond et surtout de formes requises. Mais il n'y a aucun transfert de la provision puisque celle-ci n'existe pas ici. La situation du porteur est donc inconfortable, car il n'échappe pas à la loi du concours en cas d'ouverture d'une procédure collective contre le souscripteur. En ce cas, le porteur devient un simple créancier chirographaire, à moins que l'effet soit assorti d'une sûreté particulière transmise par l'endossement aux porteurs successifs.

Finalement, la garantie essentielle pour le porteur est la solidarité des signataires comme dans la lettre de change. La règle de l'inopposabilité des exceptions est identique pour la lettre de change et le billet à ordre.

SECTION 3
Le paiement du billet à ordre

En raison de l'absence de provision, il n'y a pas d'acceptation dans le mécanisme du billet à ordre, les qualités de tireur et tiré étant confondues en la personne du souscripteur. Finalement, l'aval est la seule garantie de paiement outre la solidarité des signataires, si du moins le billet à ordre circule.

Les règles régissant l'aval de la lettre de change sont applicables à l'aval du billet à ordre par renvoi opéré par l'article L. 512-4 du Code de commerce. L'aval résulte de la mention « bon pour aval » ou mention équivalente, apposée sur le billet à ordre ou par acte séparé mais avec indication du lieu où il est donné, sinon l'acte séparé est nul. La seule signature au recto du titre vaut signature d'aval. La signature de l'avaliste au verso n'est valable que si elle comporte la mention « bon pour aval » afin d'éviter la confusion avec la signature d'endossement. Sur le fond, le consentement de l'avaliste est nécessaire, encore faut-il qu'il ait la capacité cambiaire. L'aval doit indiquer celui pour lequel il est donné, sinon, il est réputé donné pour le compte du souscripteur.

Les effets de l'aval sont ceux de l'aval d'une lettre de change. Ainsi, l'avaliste est tenu de la même manière que le débiteur garanti, sauf s'il a expressément limité sa garantie en le mentionnant sur l'effet. Son engagement est de nature cambiaire et justifie l'application de la règle de l'inopposabilité des exceptions. Mais l'aval ne produit ses effets que si le billet à ordre est valable en la forme, règle déjà exposée à propos de l'aval de la lettre de change. L'aval d'un billet à ordre irrégulier peut dégénérer en cautionnement si les règles de celui-ci sont respectées[17]. **Le paiement du billet à ordre** – Il a lieu sur présentation du titre à l'échéance selon les mêmes règles que pour la lettre de change. Le refus de payer permet au bénéficiaire de faire dresser le protêt pour exercer les recours cambiaires. Le protêt est inutile ou interdit dans les mêmes cas que pour la lettre de change.

---

[17] Com. 5 juin 2012, n° 11-19627.

TITRE 2
LE BORDEREAU DE CESSION DE CRÉANCES PROFESSIONNELLES PAR BORDEREAU DAILLY

Il ressort de l'article L. 313-23 du Code monétaire et financier que la cession de créances professionnelles est une modalité spéciale de mobilisation des créances d'un professionnel sur des tiers, en vue d'obtenir un crédit auprès d'un établissement de crédit ou une société de financement. Mais pour définir le contrat de cession de créances professionnelles, on peut s'inspirer de la définition de la cession de créances de droit commun (ordonnance du 10 février 2016, articles 1321 à 1326 du Code civil). En effet, en reprenant dans une certaine mesure l'article 1321, on peut dire que la cession de créances professionnelle est un contrat par lequel le créancier cédant professionnel transmet tout ou partie de sa créance professionnelle contre le débiteur cédé à un établissement de crédit ou à une société de financement.

La cession de créances professionnelles est issue de la loi du 2 janvier 1981 sur proposition du sénateur Dailly qui lui a donc donné son nom. Les dispositions de cette loi sont codifiées au sein des articles L. 313-23 et suivants du Code monétaire et financier. À la demande des professionnels, cette loi a voulu mettre à leur disposition un instrument susceptible de « faciliter le crédit des entreprises » en étant plus adapté à leurs besoins de financement que les effets de commerce.

Ainsi, la loi vise expressément deux usages du bordereau Dailly, la cession ou le nantissement des créances professionnelles. Mais les professionnels ont préféré la cession qui a eu un succès dans la pratique tandis que le nantissement est plutôt rare. La raison de ce succès tient au choix ouvert aux professionnels entre deux utilisations de la cession de créances professionnelles par bordereau Dailly, l'escompte ou la garantie.

La cession-escompte permet le transfert définitif des créances cédées à la banque cessionnaire qui, ayant au cédant et par anticipation le montant des créances cédées, les recouvrera pour se payer elle-même. L'opération ressemble donc à une « vente » des créances contre le crédit obtenu du cessionnaire.

La cession à titre de garantie, encore appelée **cession fiduciaire**, transfère au cessionnaire les créances cédées, mais à titre provisoire car les créances cédées devront être restituées au cédant lorsque ce dernier aura remboursé le crédit octroyé par la banque. Dans l'opération, il faut donc distinguer deux créances : la créance cédée sur le débiteur du cédant (débiteur cédé), et qui sert à garantir le remboursement de la créance garantie, c'est-à-dire le crédit accordé au cédant par le cessionnaire. Les principes relatifs aux sûretés s'appliquent à la cession de créances à titre de garantie, notamment le principe selon lequel « La sûreté ne peut procurer au créancier aucun enrichissement »[18] ou l'indivisibilité de la sûreté en vertu de laquelle la sûreté garantit l'intégralité de la créance et ne prend fin qu'après remboursement intégral de celle-ci.

S'agissant de la mise en œuvre pratique de la cession à titre de garantie, une convention-cadre est généralement signée entre le professionnel et sa banque pour définir les modalités de développement de leurs relations d'affaires. Cette convention contient, entre autres, des clauses indiquant le type de créances à céder, le pourcentage de

---

[18] Voir « Avant-projet de réforme du droit des sûretés », Association Henri-Capitant.

créances sur lequel se fera l'avance de crédit et selon quelles modalités, le taux d'intérêt, les écritures en compte courant. La clause peut éventuellement prévoir la notification de la cession au débiteur cédé. En exécution de cette convention-cadre, le professionnel remettra au coup par coup un bordereau de cession de créances professionnelles avec le double des factures correspondantes. Après vérification, la banque va créditer le compte de l'entreprise de la totalité de la remise ou d'un certain pourcentage selon les accords passés par la convention-cadre. Les agios seront prélevés selon les modalités contractuelles.

Les articles L. 313-23 et suivants du Code monétaire et financier énoncent le régime de la cession de créances professionnelles que la jurisprudence ne cesse de préciser face au silence et aux incohérences de ces textes. L'exposé portera sur les caractéristiques et les effets du bordereau tels qu'ils ressortent de ces textes et de la jurisprudence.

La nécessaire distinction entre la cession avec transfert définitif et la cession provisoire à titre de garantie – La distinction s'impose notamment pour l'application de la règle de la nullité du paiement effectué en période suspecte lorsque le cédant est soumis à une procédure collective. En effet, l'article L. 632-1 du Code de commerce, en son 4° mentionne parmi les actes nuls pour avoir été réalisés en période suspecte, « le paiement, quel qu'en ait été le mode, pour dettes non échues au jour du paiement ». En effet, pour déclarer ce texte inapplicable à la cession à titre de garantie, la Cour de cassation a approuvé la Cour d'appel qui avait énoncé que « la cession de créances professionnelles faite à titre de garantie implique la restitution du droit cédé au cas où la créance garantie viendrait à être payée et n'opère qu'un transfert provisoire de la titularité de ce droit, la restitution de la créance au cédant restant subordonnée à l'épuisement de l'objet de la garantie consentie »[19]. La distinction est ainsi implicitement opérée entre la cession à titre de garantie et la cession qui transfère définitivement les créances cédées et qui est donc un paiement susceptible de tomber sous le coup de l'article L. 632-1 du Code de commerce.

---

[19] Com., 22 mars 2017, n° 15-15361 ; *Dalloz actu.* 5 avr. 2017 ; D. 2017, p. 702 ; RTD com. 2017, p. 434 ; AJ Contrat
2017 236 ; JCP 2017, p. 511. RTD civ. 2017, p. 455 ; *Rev. proc.* Coll. 2017, p. 123. RDB fin. N° 3, mai 2017, comm. 33.

CHAPITRE 1
LES CARACTÉRISTIQUES DU BORDEREAU DAILLY

Le bordereau Dailly est soumis à un formalisme qui rappelle celui des effets de commerce. Mais par ailleurs, les conditions révèlent l'usage exclusivement professionnel comme instrument de crédit.

SECTION 1
Le formalisme du bordereau dailly

Le titre doit comporter des mentions obligatoires dont l'omission de l'une est sanctionnée dans la même logique que celle des effets de commerce. Dans la pratique, les banques délivrent à leurs clients le formulaire d'acte de cession de créances professionnelles contenant les mentions obligatoires : exemple, la banque HSBC, à voir sur Internet.

Les mentions obligatoires sont énumérées par les articles L. 313-23 et L. 313-25 du Code monétaire et financier, dispositions qu'il convient de dissocier.

§ 1 – Les mentions obligatoires selon l'article L. 313-23 CMF

Les mentions d'identification de l'acte – Il s'agit de connaître la nature de l'acte et d'attirer ainsi l'attention des utilisateurs sur les engagements qui en découlent. Par ailleurs, la qualification de l'acte détermine le régime juridique applicable.

Il faut donc la mention « acte de cession de créances professionnelles » ou « acte de nantissement de créances professionnelles », selon l'opération réalisée par la cession (cession ou nantissement). La jurisprudence veille au respect des termes exprès de la loi, en jugeant irrégulier au regard de l'article

L. 313-23, l'acte dénommé « acte de cession de créances de loi Dailly »[20].

Il faut mentionner que « l'acte est soumis aux dispositions des articles L. 313-23 à L. 313-34 » du code monétaire et financier (CMF). **Les mentions d'identification du cessionnaire** – Il s'agit du nom ou la dénomination sociale de l'établissement de crédit ou de la société de financement bénéficiaire de la cession. Cette exigence interdit le bordereau au porteur. La jurisprudence reste très attachée à ce formalisme, en déclarant irrégulier le bordereau indiquant comme nom du cessionnaire « l'agence République du Groupe Hervet »[21].

Les mentions d'identification des créances – La créance doit être désignée ou individualisée. Mais l'indication des éléments susceptibles d'effectuer cette désignation ou cette individualisation suffit, d'après l'article L. 313-23, al. 3, 4°, qui cite des exemples de ces éléments, à savoir, l'indication du débiteur, du lieu de paiement, du montant des créances ou de leur évaluation et éventuellement leur échéance.

Ces mentions admises avec souplesse visent la cession sur support papier, l'article L. 313-23, al. 4 ayant prévu spécialement la cession de créances par un procédé informatique, à condition que cela permette l'identification des créances. Le bordereau doit alors contenir l'identification de l'acte, la mention que l'acte est soumis aux articles L. 313-23 à L. 313-34 ainsi que l'identification du ces-

---

[20] Com., 11 juill. 2000, n° 97-22452.
[21] Com. 23 oct. 2001, n° 98-20442.

sionnaire et l'indication du moyen par lequel elles sont transmises, leur nombre et leur montant global. C'est seulement si le bordereau contient ces mentions obligatoires que la jurisprudence[22] admet qu'un listing y soit joint. En somme, le listing seul est insuffisant et rend la cession irrégulière.

Sanctions de l'omission d'une mention obligatoire – La sanction est calquée sur celle des effets de commerce par l'article L. 313-23, en son dernier alinéa : le titre dans lequel une des mentions obligatoires fait défaut ne vaut pas comme acte de cession ou de nantissement de créances professionnelles au sens des articles L. 313-23 à L. 313-34. Par conséquent, le cessionnaire n'a aucun droit fondé sur ces textes. Les garanties de paiement régies par ces textes n'ont aucun effet même si elles remplissent leurs propres conditions de validité. Ainsi, comme pour la lettre de change, l'acceptation de la cession par le débiteur cédé n'a aucun effet si le bordereau est irrégulier en la forme. En somme, dans les deux cas, l'irrégularité formelle du titre neutralise l'efficacité de la garantie. Il semble que le titre irrégulier en la forme puisse être converti en un acte de droit commun si les conditions de celui-ci sont remplies.

§ 2 – Les mentions visées par l'article L. 313-25 CMF

Ce texte énonce que le bordereau est signé par le cédant, qu'il peut être stipulé à ordre et que la date est apposée par le cessionnaire. Il semble donc viser deux mentions obligatoires.

D'une part, **la signature du cédant** qui peut être manuscrite ou un procédé non manuscrit, en somme, une signature électronique. La signature doit être celle du cédant

[22] Com., 20 févr. 2007, n° 05-20562.

ou de son représentant ayant reçu pouvoir à cet effet, le défaut de pouvoir étant sanctionné par l'inopposabilité que seul le cédant peut invoquer[23].

D'autre part, l'article L. 313-25 vise ensuite la date du bordereau apposée par le cessionnaire. Mais cette date n'est pas une condition de validité du bordereau. Elle permet l'opposabilité de la cession aux tiers. Le bordereau non daté est inopposable aux tiers et au débiteur cédé.

En cas de contestation, c'est le cessionnaire qui doit établir la date de la cession, même dans le cas où plusieurs dates figurent sur le bordereau, le cessionnaire devant alors prouver par tous les moyens la date réelle de l'acquisition de la créance.

SECTION 2
Le bordereau Dailly, un instrument de crédit pour les professionnels

Le bordereau est un instrument dont le but est de faciliter le crédit aux entreprises. Les parties à l'opération sont des professionnels qui mobilisent des créances professionnelles.

§ 1 – Les professionnels, seuls utilisateurs du bordereau Dailly

Le bordereau est créé par le cédant qui va transmettre les créances au cessionnaire à l'insu du débiteur cédé puisque celui-ci n'est pas partie à l'opération.

A – Le cédant

Le cédant est une personne physique dont la créance doit être née dans le cadre de son activité professionnelle. Cette condition ne s'applique pas lorsque la cession est ef-

[23] Com. 20 mars 2010, n° 09-11707.

fectuée par une personne morale de droit privé ou de droit public. Le cédant doit avoir la capacité et la qualité pour procéder à la cession. Il s'agit de la capacité de disposer des créances cédées. La cession de créances opérée par le préposé ou un signataire sans pouvoir est inopposable au cédant.

B – Le cessionnaire

Il ne peut être qu'un établissement de crédit ou une société de financement. Cette exigence témoigne de la nature bancaire du bordereau de cession de créances professionnelles. Il faut d'ailleurs remarquer que ce sont souvent les banques qui remettent à leurs clients les formulaires de bordereau Dailly à remplir par les mentions obligatoires incombant au cédant. La remise du bordereau à une personne autre que celle ainsi désignée par la loi est nulle. Le bordereau stipulé à ordre est transmissible par endossement, mais seulement au profit d'un autre établissement de crédit, et ce, dans le cadre d'un refinancement de l'établissement cédant par un autre établissement de crédit.

C – Le débiteur cédé

Le débiteur cédé est le débiteur du cédant et ne participe pourtant pas à la création du bordereau, bien que ce soit la créance dont il est débiteur qui soit ainsi transmise au cessionnaire. Ce débiteur peut être une personne physique ou une personne morale de droit privé ou de droit public. Les personnes privées doivent être devenues débitrices dans l'exercice de leur activité professionnelle. Encore faut-il que ce soit des personnes ayant la personnalité juridique. Sont donc exclues les sociétés sans personnalité morale, telle la société en participation qui, par nature, n'a pas de personnalité morale et ne peut donc pas être débitrice en général.

§2 – Le caractère professionnel des créances cédées ou données en nantissement

Le caractère professionnel de la créance cédée ou nantie ressort de l'article L. 313-23, al. 1 qui permet

la cession par le professionnel « de toute créance que celui-ci peut détenir sur un tiers, personne morale de droit public ou de droit privé ou personne physique dans l'exercice par celle-ci de son activité professionnelle ». Il s'agit donc de créance en rapport avec l'activité du cédant et non de créances personnelles aux personnes physiques. Par contre, le caractère professionnel de la créance n'est pas requis des personnes morales de droit public ou de droit privé, ce caractère étant inhérent à l'exercice de leur activité normale.

Mais le caractère professionnel de la créance s'apprécie aussi du côté du débiteur cédé, le cédant ne pouvant céder que les sommes qui lui sont dues par le débiteur dans le cadre de l'activité professionnelle de ce dernier s'il s'agit d'une personne physique. Les dettes personnelles d'un client ou personne physique ne sont donc pas cessibles, faute de remplir la condition d'être une dette professionnelle. Les dettes des consommateurs sont donc incessibles par voie de bordereau Dailly.

Existence et disponibilité des créances cédées ou nanties – La créance cédée doit exister à la date de la cession. Elle ne doit donc pas être déjà éteinte de quelque manière que ce soit, et donc par paiement ou tout autre acte équivalent (contre-passation, compensation, etc. Voir articles 1342 et suivants du Code civil, issus de l'ordonnance du 10 février 2016).

La créance ne doit pas non plus être déjà l'objet d'un droit exclusif et opposable par un tiers. En effet, des tiers peuvent acquérir des droits exclusifs sur la créance selon diverses modalités : transmission universelle de patrimoine, cession de créances à titre définitif ou provisoire, saisie-attribution, avis à tiers détenteur, etc. Dans ces différents cas, l'antériorité des droits exclusifs des tiers rend la créance indisponible.

En revanche, la clause d'interdiction de la cession à des tiers des créances d'un commerçant sur son client est prohibée par l'article L. 442-6 du Code de commerce qui sanctionne une telle clause par la nullité.

Sous ces réserves, « toute créance » peut être cédée. Le texte ne précise pas la nature de la créance qui peut donc être, par exemple, une créance d'indemnisation au profit du cédant. La créance résulte d'un acte déjà intervenu. Elle peut être échue et donc exigible comme elle peut n'être pas encore exigible ni liquide.

La loi admet aussi la cession de créances résultant d'un acte à intervenir et des créances futures. Dans tous ces cas, il faut que les créances soient suffisamment identifiables.

En conclusion, le législateur permet très largement les créances susceptibles d'être cédées.

CHAPITRE 2
LES EFFETS DU BORDEREAU DE CESSION DE CRÉANCES PROFESSIONNELLES

Bien que le débiteur cédé ne participe pas à la mise en place du bordereau, la cession crée un rapport entre trois personnes, le cédant, le cessionnaire et le débiteur cédé. Ce qui justifie l'analyse des effets du bordereau dans ce triple rapport.

SECTION 1
Les effets du bordereau entre les parties

Le bordereau fait naître des rapports contractuels particuliers entre les deux parties, opérant un transfert de la propriété des créances cédées et conférant une situation particulière au cédant.

§ 1 – La complexité du cadre contractuel de la cession de créances professionnelles

Le bordereau de cession de créances professionnelles s'inscrit dans un cadre contractuel complexe, marqué par l'existence de plusieurs contrats qu'il convient de dissocier : le contrat né du rapport fondamental ou rapport de base, le contrat de concours bancaire et le contrat de cession de créances professionnelles. Exemple permettant d'illustrer cette complexité : une société S1 vend à crédit pour 50 000 euros des marchandises à une autre société S2 qui s'engage à payer seulement dans trois mois à compter de la vente. La société S1 cède sa créance de 50 000 € à sa banque B qui accepte de lui prêter 20 000 €, ces deux opérations interviennent en exécution des clauses du contrat-cadre liant la banque et son client. Il va donc falloir présenter ces différents contrats.

A. Le contrat générateur de la créance de droit commun cédée plus tard et faisant du créancier le cédant et du débiteur, le cédé

Ce contrat créant le rapport fondamental entre le vendeur et l'acheteur, par lequel le vendeur devient créancier du prix de vente sur l'acheteur. En principe, il ne vise pas la cession car tel n'est pas l'objet ou le but du rapport fondamental. Mais dans la pratique, il peut arriver que ce contrat de base contienne des clauses relatives à la cession de la créance qui en résulte.

Il en fut ainsi dans les faits de l'arrêt de la chambre commerciale en date du 11 octobre 2017[24]. En l'espèce, la société Air France avait conclu avec la société SMLS, un marché contenant des stipulations selon lesquelles **« toute cession de créances à une banque ou à une société de factoring intervenant et présentée sans le préavis minimal d'un mois sera réputée nulle et non avenue »**. Une autre clause du contrat indiquait l'adresse à laquelle la notification de la cession de cette créance serait effectuée. À la question de savoir si ces clauses relatives à la cession de la créance née du marché étaient valables et efficaces, la Cour de cassation rejeta ces prétentions de la société Air France, débitrice cédée ayant payé le cédant postérieurement à la notification et qui de ce fait, tentait de faire valoir ce paiement. La Cour de cassation a rejeté ces prétentions en des termes très généraux dans un attendu de principe :« une cession de créances professionnelle effec-

[24] Com. 11 oct. 2017, FS-P+B+I, n° 15-18372.

tuée selon les modalités prévues par les articles L 313-23 et suivants du Code monétaire et financier produit ses effets et est opposable aux tiers ainsi qu'au débiteur cédé dans les conditions prévues par ces dispositions légales, auxquelles aucune autre condition ne peut être ajoutée dans le contrat générateur de la créance ». En d'autres termes, le contrat établissant le rapport fondamental entre le créancier devenu cédant et le débiteur devenu cédé, doit respecter les conditions légales de la cession de créances professionnelles. L'ordre hiérarchique est ainsi rappelé en la matière, entre la loi et le contrat de base générateur de la créance cédée.

B. Les contrats existant entre le client-cédant et la banque cessionnaire

Le contrat-cadre.

Le contrat portant soutien financier.

Le contrat de cession de créances professionnelles Dailly naît d'un accord entre le cédant et le cessionnaire. Chacun s'étant librement exprimé et sans contrainte, bien que le cédant ait des besoins de financement et que l'établissement de crédit détermine les conditions de cession susceptibles de protéger ses propres intérêts.

C'est un contrat basé sur la confiance entre les deux parties et qui permet au cédant de transmettre au cessionnaire les créances qu'il détient sur ses clients.

La transmission s'opère par la remise du bordereau et non par l'endossement comme les effets de commerce.

Le transfert opéré par remise du bordereau est une caractéristique de ce cas particulier de fiducie, le seul existant en droit français jusqu'à la loi du 19 février 2007 qui a consacré la fiducie dans le Code civil[25].

[25] Livre III, Titre XIV : « de la fiducie », articles 2011 à 2030.

Ce contrat ne doit pas être confondu avec celui par lequel le crédit va être accordé au client de la banque.

Dans ce cadre complexe, l'opération de cession par bordereau Dailly vise l'obtention de ce crédit. Le cédant devient en même temps emprunteur et doit, comme tout emprunteur, restituer les sommes empruntées au cessionnaire-prêteur.

La Cour de cassation[26] a donc raison d'affirmer que « lorsque la cession de créances professionnelle est effectuée à titre de garantie d'un crédit, le cédant reste tenu, en sa qualité de débiteur principal, vis-à-vis de l'établissement de crédit cessionnaire lui ayant accordé le crédit, peu importe que la créance cédée n'ait pas été déclarée au passif du débiteur cédé ». Le cédant est « débiteur principal » car c'est lui qui doit rembourser le crédit qu'il a obtenu et non le débiteur cédé qui, jusqu'à la notification, n'est débiteur que du cédant.

Le remboursement des sommes mises à la disposition du client étant garanti par les créances cédées par bordereau Dailly, on a donc affaire à deux contrats autonomes mais interdépendants en ce que l'un assure l'exécution de l'autre. Il y a alors coexistence de plusieurs rapports dont le fondement et le régime juridiques ne sont pas identiques.

Les conditions de la cession par bordereau Dailly et des avances consenties par la banque sont souvent prévues dans le contrat-cadre préalable qui organise les rapports entre la banque et son client.

S'agissant de la cession de créance, elle prend effet à la date apposée sur le bordereau par le cessionnaire, d'après l'article L. 313-27, al. 1. Quels sont donc ces effets dans les rapports entre les deux parties ?

---

[26] Com., 20 oct. 2009, n° 08-18233 ; RD ban. Fin. mars-avril 2010, comm. 39.

§ 2 – L'effet translatif de la propriété des créances cédées entre le cédant et le cessionnaire

L'article L. 313-24 énonce que « la cession de créances transfère au cessionnaire la propriété de la créance cédée » et l'article L. 313-27 d'ajouter que la propriété de la créance est acquise de plein droit au cessionnaire à compter de la date portée sur le bordereau de cession sans qu'il y ait lieu de s'attacher à la date d'exigibilité de la créance cédée. En conséquence de ce transfert qui s'opère à la date du bordereau, la créance et les accessoires sortent du patrimoine du cédant pour entrer dans celui du cessionnaire. Raison pour laquelle le premier ne peut plus en disposer, ni modifier, ni céder les droits qui sont attachés aux créances cédées et qui sont en principe transmis avec la créance. Ces actes l'exposent au risque de révocation de l'ouverture de crédit par le cessionnaire, l'accord exprès et préalable de ce dernier étant nécessaire à l'accomplissement de tels actes par le cédant.

Le recouvrement des créances cédées doit en principe être effectué par le cessionnaire devenu titulaire de ces créances à l'égard du débiteur cédé. Mais le cédant peut avoir reçu un paiement du débiteur cédé, et ce, avec ou sans mandat du cessionnaire.

En effet, le débiteur cédé, faute d'avoir été notifié, ignore la cession et peut donc avoir payé le cédant. Le transfert par bordereau Dailly n'interdit pas au cédant de recevoir ce paiement, voire de le demander au débiteur cédé. La raison en est que dans la pratique, il a un mandat tacite ou exprès du cessionnaire pour procéder au recouvrement des sommes cédées. Le mandat exprès est donné dans la convention-cadre. Ce mandat ne permet que de recevoir ou de recouvrer à l'amiable. Par contre, l'action judiciaire en paiement nécessite un mandat spécial du cessionnaire-mandant[27]. Avec ou sans mandat exprès, les sommes recouvrées par le cédant-mandataire doivent être reversées au cessionnaire en exécution de l'obligation de rendre compte qui pèse sur tout mandataire. La créance de restitution naît au jour de l'encaissement par le cédant[28]. Il faut bien noter que dans ce cas, le cédant exécute une obligation de restitution que la Cour de cassation distingue à juste titre d'un paiement nul de la période suspecte si le cédant fait l'objet d'une procédure collective. Le cédant qui s'abstient volontairement de restituer les sommes reçues du cédant pour le compte du cessionnaire a même été déclaré coupable d'abus de confiance par la chambre criminelle de la Cour de cassation (4 juin 1998, n° 97-81918).

§ 3 – La garantie du cessionnaire par le cédant

L'article L. 313-24, alinéa2, consacre la garantie du cessionnaire par le cédant en ces termes : « Sauf convention contraire, le signataire de l'acte de cession ou de nantissement est garant solidaire du paiement des créances cédées ou données en nantissement ». L'obligation de garantir solidairement naît uniquement de la cession et n'est donc pas dépendante de la notification ou de l'acceptation, deux garanties qui, quant à elles, font naître le lien de droit entre le cessionnaire et le débiteur cédé qui s'ignorent en principe.

---

[27] Com., 27 mai 2014, n° 13-16673 : « Attendu qu'en statuant ainsi, alors que la cession d'une créance professionnelle par bordereau, fût-elle effectuée à titre de garantie et sans stipulation d'un prix, transfère au cessionnaire la créance cédée et que le cédant, à qui le cessionnaire n'a pas conféré, par mandat spécial, le droit d'engager pour son compte une action en vue de son paiement, ne peut agir en justice à l'encontre du débiteur cédé, la Cour d'appel a violé par fausse application le dernier des textes susvisés et refus d'application les deux premiers.

[28] Com., 4 janv. 2005, n° 02-10511 ; RTD com. 2005, p. 391.

S'agissant de l'étendue de la garantie, elle couvre la solvabilité du débiteur cédé et l'existence de la créance cédée. Cette dernière précision résulte de la jurisprudence[29].

En vertu de la garantie solidaire, le cessionnaire peut, à son choix, poursuivre le débiteur cédé ou le cédant. Ce dernier ne peut pas exiger du cessionnaire un justificatif des poursuites préalables contre le débiteur cédé ou sa caution. Le cessionnaire n'a pas non plus à justifier d'une poursuite judiciaire contre le débiteur cédé, ni d'une mise en demeure de ce dernier. Mais la jurisprudence[30] précise que si le cessionnaire a notifié la cession au cédé, il doit au préalable adresser une demande amiable de paiement au cédé, sauf à prouver l'existence d'un événement rendant impossible le paiement par le cédé. Le cessionnaire peut être dispensé de ce recours amiable, encore faut-il que la clause de dispense soit claire et traduise l'intention vraisemblable des deux parties (cédant et cessionnaire), solution admise par la Cour de cassation[31].

---

[29] Com., 1er févr. 2011, n° 09-73000 ; D. 2011 p. 50 ; RDbanc. Fin. mai-juin 2011, comm. 99 ; JCP E 2011, pan. 1204.

[30] Com., 18 janv. 2017, n° 15-12951 ; Dalloz actualité 13 févr. 2017, obs. X. Delpech

[31] Com., 5 juin 2012, n° 11-18210 : en l'espèce, le cédant s'était interdit « d'exiger de la banque cessionnaire l'accomplissement d'une formalité quelconque ou une intervention de quelque nature que ce soit auprès du débiteur cédé et déchargeait la banque de toute responsabilité en cas de non-recouvrement, pour quelque motif que ce soit, des créances cédées ». L'arrêt de la Cour d'appel avait jugé que le cessionnaire devait, préalablement à la mise en œuvre de la garantie du cédant, adresser une demande amiable au cédé auquel la cession avait été notifiée. La Cour de cassation a cassé et annulé cet arrêt en reprenant les dispositions de l'article 10 de la convention qui liait le cédant au cessionnaire. L'efficacité d'une telle clause était ainsi admise par la Cour de cassation.

SECTION 2
Les effets de la cession dans les rapports entre le débiteur cédé et le cessionnaire

Le débiteur cédé n'est pas partie à la cession de créances professionnelles par bordereau Dailly. De son côté, la cession est donc occulte. Pourtant, la cession lui est opposable à la date apposée par le cessionnaire sur le bordereau. Ce qui signifie que le cédé devient débiteur du cessionnaire qui peut lui réclamer le paiement des sommes cédées. Pourtant, le caractère occulte pose le problème du succès de la demande de paiement par le cessionnaire, le cédant pouvant lui opposer des exceptions, sauf s'il y a notification ou surtout acceptation de la cession par le cédé.

§ 1 – L'opposabilité des exceptions

En effet, le cédé peut opposer au cessionnaire toutes les exceptions antérieures à la date de la remise du titre. Il suffit que le fait générateur soit antérieur à cette date même si elles ne se manifestent qu'après.

Quelles sont donc les exceptions opposables au cessionnaire par le débiteur cédé ?

Le débiteur cédé peut opposer une exception tirée de ses rapports avec le cédant. Exemples : l'inexécution de son obligation de délivrance des marchandises par le cédant, si c'est la vente qui a fait de lui le créancier du débiteur cédé ; la compensation si les conditions sont réunies.

De toute évidence, le cédé peut opposer au cessionnaire les exceptions tirées de ses rapports avec ce dernier. Ainsi, sont opposables par le cédant, l'irrégularité formelle ou de fond que comporte le bordereau.

Le cessionnaire peut s'assurer du paiement en notifiant la cession au cédé ou en lui faisant accepter la cession.

§ 2 – La notification de la cession au cédé

L'article L. 313-28 CMF permet au cessionnaire d'interdire au débiteur de payer entre les mains du cédant ou d'une personne autre que lui, le cessionnaire. Mais cette formalité est facultative pour le cessionnaire qui ne peut donc pas être reproché de ne pas l'avoir accomplie. Ce caractère facultatif de la notification a été rappelé par la Cour de cassation[32], saisie par une caution qui soutenait que l'absence de notification lui était préjudiciable.

La notification a lieu par tous les moyens, dans les conditions prescrites par les articles R 313-1 et suivants du Code monétaire et financier. Si la notification est formellement irrégulière au regard de ces dispositions, le cédé se libère valablement entre les mains du cédant, la preuve de la régularité de la notification étant à la charge du cessionnaire.

S'il s'agit de cession de créances de marché public, la notification doit être faite au comptable public assignataire désigné dans le marché. Il en est de même pour la cession de créances sur une caisse d'assurance maladie : c'est au comptable assignataire et non à l'ordonnateur que la notification est faite[33].

La notification interdit au cédé de payer au cédant. À compter de la notification, il ne peut valablement payer qu'au cessionnaire qui, par la notification, révoque le mandat donné au cédant de recouvrer les créances cédées. Le cédé qui viole l'interdiction s'expose à devoir payer une seconde fois le cessionnaire car le paiement au cédant n'est alors pas libératoire[34].

---

[32] Com., 2 nov. 2016, n° 15-12491.
[33] Com., 3 oct. 2006, n° 04-30820 ; D. 2006, p. 2731.
[34] Com., 3 déc. 2002, n° 04-14704 ; RTD civ. 2003, p. 129.

§ 3 – L'acceptation de la cession intervenue

L'acceptation est prévue par l'article L. 313-29 CMF qui énonce : « Sur la demande du bénéficiaire du bordereau, le débiteur peut s'engager à le payer directement ». Il s'agit donc d'un engagement du débiteur cédé, à la demande du cessionnaire. Le texte organise ensuite le régime de l'acceptation en précisant la forme de l'engagement et les effets.

S'agissant de la forme, l'acceptation doit être constatée, à peine de nullité, par un écrit intitulé « Acte d'acceptation de la cession ou du nantissement d'une créance professionnelle ».

L'acceptation prive le débiteur de l'opposabilité au cessionnaire, des exceptions fondées sur ses rapports personnels avec le cédant, sauf si le cessionnaire était de mauvaise foi en acquérant ou en recevant la créance. Ainsi, comme pour la lettre de change, l'acceptation crée l'obligation pour le débiteur de payer le cessionnaire. Il s'agit donc d'une obligation distincte de celle qu'il devait au cédant[35].

En conclusion : l'acceptation et la notification sont des formes de garanties de paiement spécifiques au bordereau de cession de créances professionnelles. Mais les garanties et sûretés de droit commun (cautionnement), et même des effets de commerce, peuvent aussi être exploitées afin de renforcer la sécurité du cessionnaire.

---

[35] CE, 25 juin 2003, n° 24.0679 ; RTD com. 2003, p. 792 ; RTD civ. 2004, p. 330 ; RDbanc. Fin. 2004, p. 185.

SECTION 3
Les effets de la cession dans les rapports du cessionnaire avec les tiers

Les rapports du cessionnaire avec les tiers autres que le débiteur cédé doivent être réglés sur la base de l'opposabilité de la cession. Mais la cession soulève des difficultés particulières en cas d'ouverture d'une procédure collective.
Le problème est de savoir dans quelle mesure la règle de l'opposabilité fondée sur la date du bordereau est applicable.

§ 1 – Le principe de l'opposabilité de la date du bordereau Dailly

Il convient de reprendre les dispositions de l'article L. 313-27 selon lesquelles la cession est opposable « à la date apposée sur le bordereau lors de sa remise ». Cette date est donc essentielle en tant que critère de règlement des conflits relatifs à la cession de créances professionnelles par bordereau Dailly. Il suffirait de comparer les dates pour faire droit au cessionnaire ayant la date la plus ancienne. En somme, s'applique la règle « prior tempore, potior jure » signifiant que « le premier en date est plus puissant en droit ». Mais cette règle s'applique pleinement si aucun des concurrents n'a procédé à la notification. Sinon, il faut tenir compte de cette formalité pour le règlement du conflit. Ainsi, celui qui a le premier notifié sa cession sera valablement payé par le débiteur cédé. En cas de notification par plusieurs cessionnaires, c'est l'antériorité de la date de notification qui permettra de régler le conflit.

En dehors de l'hypothèse classique du conflit entre plusieurs cessionnaires de la même créance, le principe de l'antériorité est appliqué dans les cas de conflit né de la double cession ou de la saisie-attribution de la créance cédée.

Le cédant qui cède une première fois à une première banque et une seconde fois à une autre banque crée un conflit entre les deux cessionnaires successifs. Le problème est de savoir lequel sera payé par le débiteur cédé. Celui des deux cessionnaires qui aura le premier notifié la cession au débiteur cédé sera désintéressé par ce dernier ; mais il est admis que dans ce cas, l'autre cessionnaire dont la date de cession est antérieure pourra exercer son recours contre son concurrent en prouvant l'antériorité de ses droits. Mais à défaut de notification par les deux concurrents, la date de cession apposée par chacun sur le bordereau servira à résoudre ce conflit, les droits nés du premier bordereau en date étant alors opposables à tous les tiers.

La même créance peut avoir été cédée par bordereau Dailly et mobilisée par l'émission et la transmission d'un effet de commerce (lettre de change ou billet à ordre). « La cohabitation de la traite et du bordereau Dailly »[36] résulte de ce que le cédant peut avoir émis une lettre de change portant sur une créance et aurait cédé la même créance par bordereau Dailly. Si la lettre de change est acceptée avant la date portée sur le bordereau ou avant la notification de la cession, c'est le porteur qui sera payé car la provision lui est transmise avant la cession.

Le conflit entre le cessionnaire et le porteur d'une lettre de change acceptée est ainsi résolu en fonction de la date des deux instruments de crédit, le premier en date étant privilégié.

§ 2 – L'inopposabilité de la date du bordereau Dailly

Le paiement effectué par le débiteur cédé à la banque du cédant, encore appelée banque réception-

---

[36] M. Cabrillac, « La cohabitation de la traite et du bordereau Dailly », RD bancaire, 1987, p. 75

naire, permet d'illustrer les limites de l'antériorité de la date du bordereau comme critère de résolution des conflits entre plusieurs prétendants sur la même créance. En effet, le problème est de savoir si la banque cessionnaire peut réclamer les sommes versées par le débiteur cédé à la banque réceptionnaire. La Cour de cassation a jugé que le cessionnaire ne peut pas réclamer la restitution à la banque qui a reçu les fonds pour le cédant, au motif que cette banque n'est pas un tiers au sens de l'article L. 313-27. La date de la cession n'est ainsi pas prise en compte.
Le cas de coexistence entre le cessionnaire et le sous-traitant mérite aussi d'être examiné lorsque la créance litigieuse résulte d'un contrat d'entreprise.

En effet, il convient de rappeler que la loi du 31 décembre 1975 permet à un entrepreneur titulaire d'un contrat d'entreprise, de sous-traiter une partie ou l'intégralité des travaux à un ou plusieurs sous-traitants. Cette loi a voulu protéger le sous-traitant et lui assurer le paiement des travaux qu'il a exécutés, même en cas de défaillance de l'entrepreneur principal. Parmi les mesures de protection, il y a l'interdiction faite à l'entrepreneur principal de céder ou de nantir les créances résultant du marché sous-traité (article 13-1 de la loi n° 75-1334 du 31 décembre 1975 relative à la sous-traitance). La cession ou le nantissement ne peut donc porter que sur la part de marché effectué personnellement par l'entrepreneur principal.

Or, que faire si l'entrepreneur principal viole cette interdiction en cédant par bordereau Dailly l'intégralité des sommes dues par le maître de l'ouvrage, y compris celles qui correspondent au marché sous-traité et qui sont ainsi cédées en violation de l'interdiction posée par l'article 13-1 de la loi du 31 décembre 1975 ? Cette cession crée un conflit entre le cessionnaire et le sous-traitant. La Cour de cassation[37] donne gain de cause au sous-traitant en jugeant que la cession, effectuée en violation de l'article 13-1 précité, est inopposable à celui-ci. Il peut en conséquence demander la restitution de ces sommes au banquier cessionnaire. Ni ce dernier ni l'entrepreneur principal ne peuvent lui opposer le défaut d'acceptation ou d'agrément des conditions de paiement par le maître de l'ouvrage.

L'obligation de restitution qui pèse sur la banque cessionnaire est indépendante de sa bonne ou mauvaise foi.

En somme, la solution au conflit entre le cessionnaire et le sous-traitant est totalement indépendante de la date du bordereau puisque, plus généralement, le régime de la cession de créances professionnelles est écarté.

---

[37] Com., 22 nov. 1988, n° 86-16400 ; Com., 28 févr. 2006, n° 04-16572.

DEUXIÈME PARTIE
LES INSTRUMENTS DE PAIEMENT

Contrairement aux instruments de crédit qui ont une double fonction de crédit et de paiement, les instruments de paiement ne servent qu'à exécuter l'obligation de payer une somme d'argent. Ce qui justifie leur utilité en fin de circulation des instruments de crédit présentés dans la première partie.

Les instruments de paiement jouent un rôle important dans la vie économique et tout spécialement dans la vie quotidienne. En effet, ils permettent d'éviter la manipulation des espèces avec tous les risques que cela comporte aussi bien pour les agents économiques que pour les pouvoirs publics.

En effet, le droit au paiement en espèces est protégé par l'interdiction de refuser les espèces et billets ayant cours légal, un tel refus étant constitutif d'une infraction pénale sanctionnée. Mais le droit de payer en espèces est limité par le législateur qui impose le recours aux instruments de paiement pour effectuer des paiements dont les seuils sont fixés par les articles L. 112-6 et L. 112-8 du Code monétaire et financier plusieurs fois modifiés. Il ressort de ces textes que, selon le statut du débiteur, le paiement d'un certain montant doit être effectué soit par chèque, soit par virement, soit par carte.

Les seuils des paiements par ces moyens sont limités afin de renforcer la lutte contre la fraude fiscale, le blanchiment d'argent et lutter contre le terrorisme.

Par ailleurs, depuis la loi n° 2011-331 du 28 mars 2011 codifiée au sein de l'article L. 112-6-1 CMF, seul le virement doit être utilisé pour les paiements effectués ou reçus par un notaire pour le compte des parties à un acte authentique et donnant lieu à publicité foncière. Il en est de même pour les paiements effectués par les administrateurs judiciaires et les mandataires judiciaires dans les cas et conditions visés par l'article L. 112-6-2 CMF. Dans les cas prévus à l'article L. 112-8 CMF, le débiteur a le choix entre le paiement par chèque ou par virement. Enfin, les salaires doivent être payés par chèque ou par virement à un compte bancaire ou postal.

Ces obligations relatives à l'utilisation des moyens de paiement montrent leur utilité dans la circulation des biens et services.

Mais l'intérêt des instruments de paiement est aussi remarquable au niveau communautaire. Il suffit, pour s'en convaincre, de rappeler que ces dernières années, le droit communautaire est devenu une source importante des règles applicables à certains des instruments de paiement. Ainsi, l'ordonnance n° 2009-866 du 15 juillet 2009 est venue transposer la directive 2007/64/CE du 13 novembre 2007 sur les services de paiement dans le marché intérieur, afin notamment d'harmoniser les systèmes de paiement au sein de l'Espace européen, de briser le monopole des établissements de crédit en ce domaine en favorisant la concurrence entre eux et les nouveaux acteurs que sont les établissements de paiement et les prestataires de services de paiement. Plus récemment encore, l'ordonnance n° 2017-1252 du 9 août 2017 a transposé la Directive 2015/2366 du 25 novembre 2015 concernant les services de paiements dans le marché intérieur. Certaines dispositions de l'ordonnance concernent directement l'utilisation des instruments de paiement, en renforçant l'information des utilisateurs et en réduisant leur responsabilité en cas de paiement non autorisé. Cette ordonnance a donc modifié les dispositions du Code monétaire et financier qui étaient issues de celle du 15 juillet 2009. Ces nouvelles modifications sont entrées en vigueur le 13 janvier 2018.

Ces textes sont venus créer et enrichir les règles applicables aux services de paiement et aux opérations de paiement par de nombreuses dispositions du Code monétaire et financier. Mais le chèque en est expressément exclu. Ainsi, la nouvelle règlementation des instruments de paiement fait la distinction entre le chèque (chapitre 1) et les « autres instruments de paiement » (chapitre 2).

CHAPITRE 1
LE CHÈQUE

Le chèque est un écrit par lequel une personne dénommée tireur demande à une banque ou un établissement assimilé, appelé tiré, de payer une certaine somme au profit d'un bénéficiaire. Pour effectuer un tel paiement, la banque débite du compte provisionné par le tireur le montant du chèque. Le chèque est donc un instrument à trois personnes : le tireur, le tiré et le bénéficiaire ou porteur. Ce titre présente plusieurs avantages. Il permet d'éviter la manipulation des espèces et de payer en conservant une preuve préconstituée. Par ailleurs, l'obligation de payer les chèques inférieurs à 15 euros est une garantie intéressante pour le bénéficiaire. Enfin, le pré-barrement est une mesure de contrôle fiscal puisque ces chèques ne peuvent être payés que sur un compte ou à une banque.

Pourtant, l'utilisation du chèque présente des risques liés à la fraude et à l'insécurité en cas d'émission sans provision. Enfin, outre l'insécurité des porteurs, les chèques génèrent des coûts de gestion notamment pour les professionnels.

Les statistiques sur l'évolution des moyens de paiement en France entre 2010 et 2015 montrent une nette diminution de l'utilisation du chèque, bien que, au cours de la même période, des milliards de paiements fussent encore effectués par chèque. Cependant, la concurrence des autres instruments de paiement sans support papier et offrant plus de sécurité laisse penser à la disparition du chèque à plus ou moins long terme.

Le droit du chèque résulte des articles L. 131-1 à L. 131-87 du Code monétaire et financier. Le chèque est formellement exclu du champ d'application de l'ordonnance n° 2009-866 du 15 juillet 2009 précitée. Ces dispositions du Code monétaire et financier, issues de cette ordonnance, traitent des conditions de création du chèque, de la circulation et du paiement.

SECTION 1
Les conditions de création du chèque

§ 1 – Les conditions relatives aux parties

A – Le tiré

Le tiré est nécessairement une banque, car le chèque est un instrument bancaire. En effet, préalablement à son intervention pour le paiement, la banque du tireur crée et met les formules de chèque à la disposition de son client. Un arrêté du 8 août 1970 fixe les normes des formules de chèque émises par les banques, à savoir, la taille, les caractéristiques de la piste magnétique, les détails sur les caractéristiques du papier, l'emplacement des mentions obligatoires. L'article L. 131-70 CMF impose le nom du titulaire sur les formules de chèques sous peine d'une amende de 7,50 euros par infraction. Certaines obligations s'imposent à la banque lors de la délivrance des formules de chèque. Elle doit en effet vérifier l'identité du client et sa situation au fichier des interdits bancaires à la Banque de France afin de s'assurer qu'il n'est pas frappé d'une interdiction bancaire. La banque ne peut refuser la délivrance des formules à son client sans motiver son refus ; les formules de chèques doivent être reprises lors de la clôture du compte ou de l'interdiction bancaire.

Les mesures de contrôle varient selon le statut juridique du destinataire, personne physique ou personne morale.

Par exemple, s'il s'agit d'une société en formation, il faut vérifier que les fondateurs ne soient pas sous le coup d'une mesure d'interdiction, à moins qu'il ne s'agisse d'un dirigeant de société récemment immatriculée[38].

La délivrance des formules de chèque est risquée pour la banque car elle engage sa responsabilité pour défaut de vérification préalable, dans le respect du principe de non-ingérence. La banque commet une faute en cas de délivrance d'un nombre excessif de formules de chèque ou d'expédition des formules sans précaution.

B – Rôle du tireur

La création du chèque est un acte juridique auquel s'appliquent les règles de droit commun des contrats (Cciv., art. 1101 et suiv., ord. 10 févr. 2016). Cet acte consiste à remplir les formules de chèque en y apposant les mentions obligatoires et éventuellement les mentions facultatives.

Le tireur émet le chèque en le remettant au bénéficiaire ou à son mandataire. La création et l'émission sont donc deux actes du tireur qui se succèdent dans le temps, de telle sorte que la date d'émission ne peut se déduire de celle de la création[39].

Le consentement du tireur à l'émission du chèque – La création et l'émission du chèque étant des actes juridiques, le consentement du tireur est indispensable. Il doit être réel, sain et libre. Le consentement résulte de la signature du tireur apposée sur le chèque qu'il émet. Aucun texte n'indique la forme de la signature du tireur sur le chèque. Dans la pratique, la signature est souvent manuscrite. Quant à la signature par griffe, elle fait parfois

[38] Com., 12 juill. 2004 ; D. 2004. AJ 2372.
[39] Com., 31 janv. 2006, n° 04-15315 ; bull. n° 18 ; D. 2006, 573, obs. Avena-Robardet.

l'objet d'un accord entre les banques et leurs clients professionnels[40].

La **capacité du tireur** – Il doit jouir de sa pleine capacité juridique. Le chèque émis par un incapable majeur est nul d'une nullité opposable même aux tiers de bonne foi. Mais il s'agit d'une exception personnelle au tireur, inopposable par les autres signataires du chèque qui aurait circulé. C'est l'application du principe de l'indépendance des signatures étudié à propos des effets de commerce. Le tireur sous le coup d'une interdiction bancaire ou judiciaire est déchu du droit d'émettre des chèques sur son compte. Les formules de chèque en sa possession doivent d'ailleurs lui être retirées. Il ne peut émettre que des chèques certifiés ou de banque. Cependant, le chèque émis en violation de cette interdiction est valable et doit être payé par la banque qui a omis de réclamer les formules de chèque à la suite de l'interdiction bancaire.

Le problème du pouvoir nécessaire à l'émission d'un chèque – Cette difficulté surgit en cas de tirage par représentation. Celui qui se prétend représentant du titulaire du compte sur lequel le chèque est tiré doit justifier de son pouvoir fondé sur le mandat conventionnel, une disposition légale ou une décision judiciaire le désignant comme représentant légal. Mais comme pour la lettre de change, le faux représentant ou celui qui dépasse ses pouvoirs s'engage personnellement en cas de fausse représentation, sans fondement juridique. Mais cet engagement cambiaire est inefficace dans le cadre du chèque qui, la plupart du temps, ne circule pas comme les effets de commerce, le chèque n'étant qu'un instrument de paiement et non de crédit.

Le banquier qui a délivré des formules de chèques à une personne non mandatée par le titulaire du compte engage sa responsabilité.

---

[40] Com., 25 févr. 2003 ; RDbanc et fin. Mars/avril 2003, act. 63

Le titulaire d'un compte sur lequel il a constitué un mandataire doit, en cas de révocation du mandat, le notifier au tiré tout en restant tenu du paiement des chèques qui auront été émis par son mandataire jusqu'à la notification de la révocation. Par ailleurs, l'émission des chèques sans provision par le mandataire engage le mandant.

Cas des personnes morales – Le tireur doit être la personne ayant qualité pour représenter la personne morale. Cette qualité varie selon les personnes morales, association ou société. Encore faut-il tenir compte de la situation de la personne morale, car si elle fait l'objet d'une procédure collective, c'est la personne habilitée à agir pour cette entité qui pourra émettre des chèques. Pour les sociétés, il s'agit, soit du dirigeant maintenu, soit de l'administrateur judiciaire remplaçant le dirigeant interdit, soit du liquidateur judiciaire désigné à la place du débiteur dessaisi.

C – Le bénéficiaire

Il est désigné sur le chèque par le tireur, sans que cette indication soit absolument nécessaire. Il doit en principe avoir la capacité de recevoir un paiement par chèque. Les mineurs et majeurs protégés peuvent recevoir le paiement, mais par l'intermédiaire de leurs représentants légaux. Le mineur émancipé est apte à recevoir le paiement.

Les époux sont dans une situation particulière. En effet, l'article 1424 du Code civil exige le consentement des deux époux pour des actes de disposition de certains biens communs et précise que ce consentement est requis pour percevoir les capitaux provenant de ces opérations, à moins que l'un ne donne mandat à l'autre à cet effet. Ces dispositions sont sanctionnées par la nullité des actes ou des paiements irréguliers. Le tireur doit donc s'assurer que le chèque est bien émis au profit des deux époux en application de l'article 1424 du Code civil.

Le bénéficiaire d'un chèque est en principe libre d'accepter ou non le paiement par ce moyen, sauf s'il est en présence d'une obligation légale. En tout état de cause, il doit vérifier l'identité du remettant qui doit justifier de son identité par un document officiel portant sa photo (CMF, art. L. 131-15). Ainsi, la preuve de l'identité est présentée soit spontanément par le tireur, soit à la demande du bénéficiaire. L'inexécution de cette obligation de vérifier l'identité du tireur risque d'engager la responsabilité du bénéficiaire à l'égard de la victime d'une telle inexécution, qu'elle soit la banque tirée ou le titulaire du compte. Il en est ainsi lorsque cette vérification pouvait faire découvrir la fraude ou le vol.

Le bénéficiaire d'un chèque en acquiert la provision dès l'émission. Il en devient propriétaire, indépendamment de la cause de l'émission.

§ 2 – Le titre

Le chèque est un titre aussi formaliste que les effets de commerce. Il s'agit d'un écrit répondant aux normes et formes prescrites par l'arrêté du 8 août 1970 et contenant les mentions obligatoires dont les sanctions de l'omission rappellent celles des effets de commerce.

Les mentions obligatoires sont énumérées à l'article L. 131-2 du Code monétaire et financier. Ainsi, le chèque doit contenir :

– Le titre inséré dans le texte même du titre, en langue employée pour sa rédaction. Cette mention informe sur la nature et les droits des porteurs ;

– Le mandat pur et simple de payer une somme déterminée. Ce mandat est en réalité un ordre sans condition car il s'agit d'un instrument de paiement ;

– Le montant déterminé, en lettres et en chiffres. En cas de discordance, l'indication en lettres l'emporte ; mais encore faut-il que ce montant libellé en lettres soit cohérent, car dans le cas contraire, la banque doit interroger le tireur sur son intention, faute de quoi elle commet une faute engageant sa responsabilité[41]. La pratique qui fait du chèque en blanc, sans indication du montant à l'émission, est considérée comme assortie du mandat donné à une tierce personne ou au bénéficiaire d'inscrire la somme à payer. Cette pratique présente le risque que le mandataire trahisse la confiance du mandant en portant un chiffre différent de celui des instructions reçues.

Il s'agit d'une infraction constituant un faux en application de l'article 441-A[42].

Le nom du tiré qui est nécessairement une banque ou assimilée.

Le lieu de paiement, sinon le lieu indiqué à côté du nom du tiré est réputé être celui de paiement.

La date et le lieu de création du chèque doivent être mentionnés en jour, mois et année. L'omission du lieu de création est suppléée par celui désigné à côté du nom du tireur (CMF, art. L. 131-3). La date est importante pour apprécier la capacité et les pouvoirs du tireur, la régularité du paiement, notamment en cas d'ouverture d'une procédure collective, car le paiement effectué en période suspecte d'une dette non échue est nul[43].

La signature du tireur est indispensable pour l'émission et l'engagement du tireur ; à défaut, le chèque ne vaut pas comme tel. Il en est de même pour la fausse signature encore appelée faux chèque dès l'origine. La signature est apposée par le tireur ou son représentant ; elle est manus-

---

[41] Aix-en-Provence, 2 juill. 2015, n° 11/13907, à propos d'un chèque portant en chiffres 76 533 euros et en lettres la mention « soixante-seize euros cinq cent trente-trois centimes », la banque soutenant qu'il n'y avait pas de différence entre la somme indiquée en chiffres et celle en lettres, argument rejeté par les juges du fond.

[42] Crim., 18 mai 1994 : Bull. crim. 1994, n° 300, ayant retenu l'altération frauduleuse de la vérité, infraction constitutive d'une faute contractuelle.

[43] Com., 31 déc. 2006 ; D. 2006, 573, obs. Avena-Robardet ; RDBF mai-juin 2006, p. 13.

crite, à moins qu'une autre forme ne soit convenue par la banque et son client.

Le nom du bénéficiaire n'est pas une mention obligatoire, car le chèque sans indication du bénéficiaire est assimilé au chèque au porteur.

Enfin, l'article L. 131-70 ajoute l'indication du nom de la personne à laquelle cette délivrance est faite. L'article L. 131-71 impose l'indication de l'adresse du titulaire du compte sur lequel le chèque est payable et le numéro de téléphone du guichet teneur du compte.

Sanctions de l'exigence des mentions obligatoires – En cas d'omission d'une mention obligatoire, le titre ne vaut pas comme chèque, à moins que les mentions manquantes puissent être suppléées dans les conditions de l'article L. 131-3, alinéas 2 et 3, CMF.

Le titre incomplet ne valant pas comme chèque peut être disqualifié en un simple ordre de paiement avec l'accord du tireur et du tiré ; il peut aussi servir « comme commencement de preuve par écrit de la créance invoquée par le bénéficiaire contre le tireur »[44] ou une promesse de payer sous seing privé si les conditions de cette promesse sont réunies.

Toutes les mentions non obligatoires sont nécessairement facultatives. Elles ne doivent cependant pas être en contradiction avec le rôle du chèque en tant qu'instrument de paiement. Les mentions facultatives comprennent notamment : la clause sans protêt ou sans frais qui dispense de l'établissement du protêt en cas de non-paiement ; la clause contre document et la domiciliation.

En revanche, certaines clauses sont interdites parce qu'elles annulent le chèque en tant que tel pour en faire

---

[44] Com., 16 déc. 2014, n° 13-20895 : en l'espèce, le chèque ne contenait pas la date et le lieu de création. Il a été jugé que la faute, commise par le tireur qui a omis ces mentions, était indépendante du sort du titre

l'équivalent d'un billet de banque. Il en est ainsi de la mention d'acceptation.
L'interdiction de la mention de l'échéance du chèque, instrument de paiement à vue, pose la question de la validité du chèque de garantie.
Le chèque de garantie est un véritable chèque émis par le tireur pour garantir le paiement d'une dette, en interdisant au bénéficiaire de l'encaisser avant la réalisation d'un événement convenu par les deux parties. Le tireur utilise ce chèque comme une sûreté au lieu d'un instrument de paiement.
Ce chèque utilisé comme un instrument de crédit est-il valable et doit-il être payé ?
La jurisprudence[45] est parfaitement établie que le chèque de garantie est valable en tant que tel, dès lors qu'il contient toutes les mentions obligatoires. Il doit donc être payé malgré la clause d'interdiction ou d'échéance, ces clauses n'étant pas des mentions obligatoires.
Le bénéficiaire a le droit de l'encaisser sans que le tireur puisse valablement s'y opposer. Mais le tireur pourra engager une action extra-cambiaire contre le bénéficiaire en remboursement du montant du chèque dont le montant ne serait pas dû.
Certaines mentions, bien que facultatives, sont utiles pour la sécurité du bénéficiaire car elles lui garantissent le paiement du chèque, ce sont le visa et la certification.

Le visa : selon l'article L. 131-5 CMF, « le chèque ne peut pas être accepté. Une mention d'acceptation portée sur le chèque est réputée non écrite ». Mais le tiré peut le viser afin de constater l'existence de la provision à la date à laquelle il est donné. La faiblesse du visa tient au fait

---

[45] Com., 16 janv. 2011, n° 09-71400 ; Com., 18 févr. 2003 ; RDBF mars-avril 2003, act. P. 93 ; Com. 17 nov. 98 ; D. 99, somm., p. 148 et 304 ; 24 oct. 2000 ; D. 2000, AJ, p. 417.

qu'il ne permet pas le blocage de la provision qui reste donc disponible et peut être utilisé par le tireur de mauvaise foi.

La certification prévue par l'article L. 131-14 permet au tireur ou au porteur de faire constater la provision et de la bloquer sous la responsabilité du tiré, au profit du porteur jusqu'à l'expiration du délai légal de présentation. À cette date, la provision est débloquée et réintégrée au compte du tireur, pour la rendre disponible[46].

Afin d'éviter le risque de falsification, la certification doit être conforme aux exigences de l'article R. 131-2 CMF. Ainsi, le tiré doit utiliser un procédé mécanique de marquage ou d'impression indélébile offrant toute garantie de sécurité. La certification comporte la signature du tiré et diverses mentions tels la date, le montant du chèque, la désignation exacte du tiré. Ces formalités sont sanctionnées par la nullité de la certification formellement irrégulière.
Mais le chèque certifié est pratiquement remplacé par le chèque de banque avec les mêmes exigences de sécurité, notamment le procédé de marquage infalsifiable[47]. Ainsi, commet une faute engageant sa responsabilité le banquier tiré qui établit un chèque de banque en remplissant de manière manuscrite le montant, le bénéficiaire, le lieu et la date, comme pour un chèque ordinaire[48].

Formalisme de sécurité et de contrôle : le barrement – Le barrement est une mesure de sécurité car elle implique nécessairement l'intervention d'une banque pour le paiement. Le chèque barré n'étant pas payé entre les mains du bénéficiaire, le barrement permet de réduire le

---

[46] Com., 11 juill. 2000 ; D. 2000, AJ 378, obs. Avena-Robardet ; bull. IV, n° 140.

[47] Com., 11 févr. 2003 ; JCP 2003 II 10133 ; RDBF mai-juin 2003, p. 159 ; D. 2003, 2565.

[48] Paris, 17 déc. 2015, n° 14/16806 ; L'Essentiel droit bancaire, 01/02/2016, n° 02, p. 5.

risque de détournement et de lutter contre la fraude fiscale et le blanchiment d'argent. Cette formalité est en principe facultative, mais la loi du 29 décembre 1978 impose un droit de timbres pour les formules non pré-barrées.

Il existe deux formes de barrement : d'une part, le barrement général comportant deux barres parallèles au recto du chèque, sans aucune indication entre les deux barres ou avec une indication impersonnelle. Les banques délivrent systématiquement des formules pré-barrées, à moins que le titulaire du compte ne demande expressément des formules non pré-barrées. **D'autre part, le barrement spécial** comporte l'inscription du nom d'une banque déterminée pour recevoir à titre exclusif le paiement.

Quels sont les effets du barrement ?

Le chèque barré doit être payé à une banque (barrement général) ou à celle désignée entre les barres (barrement spécial). La banque reçoit le paiement « en vue de la remise de son montant au bénéficiaire du chèque, sauf le cas où cet établissement l'a reçu en paiement d'une somme due à lui-même, et... ni le bénéficiaire du chèque ni son mandataire ne peuvent ordonner que son montant en soit directement remis à un tiers »[49]

Le chèque barré ne peut être endossé qu'à un banquier qui n'acquiert pas de droit sur le titre. L'endossement à une personne physique est nul. Le chèque barré n'est donc pas endossable et ne peut se transmettre que par tradition s'il est au porteur, sinon, par la cession de créances de droit commun.

§ 3 – La provision

Comme pour les effets de commerce, la provision est la créance du tireur sur le tiré. La provision est une somme

[49] Civ. 1re, 18 sept. 2002 ; Bull. 2002 I n° 201, p. 155

d'argent ou « des fonds à la disposition du tireur et conformément à une convention expresse ou tacite d'après laquelle le tireur a le droit de disposer de ces fonds par chèque » (CMF, art. L. 131-4 al. 1). En définissant la provision, ce texte de son existence un préalable à la création du chèque. La provision doit exister et être disponible. Il faut donc s'interroger sur les conditions d'existence, les modalités de constitution et les caractères de la provision.

A – L'existence de la provision du chèque

En principe, la provision doit exister à la date de la création du chèque. Or, la jurisprudence distingue la création de l'émission. La création consiste à remplir une formule de chèque alors que l'émission est la remise au bénéficiaire[50 50]. Le transfert de la provision résulte de l'émission du chèque. C'est à ce moment que l'on peut constater la création et l'émission du chèque. Ces actes permettent de déterminer la date à laquelle la provision doit réellement exister.

La provision peut ne pas exister lors de la création du chèque au sens de la jurisprudence, car à cette phase, l'émission est encore incertaine, le tireur pouvant conserver le formulaire du chèque rempli par-devers lui ou le détruire.

En revanche, à la date de la remise du chèque au bénéficiaire, la provision doit exister. Mais cette exigence est tempérée par le processus de paiement du chèque qui laisse au tireur un intervalle de temps pour constituer la provision entre la date de la remise à l'encaissement par le bénéficiaire et la date d'inscription du montant du chèque sur son compte.

50 Com., 18 oct. 1994 ; RTD com. 165, 18 déc. 1990 ; bull. n° 326 ; D. 91, somm. 216

Ce décalage permet de reporter, du moins pratiquement, la date de l'existence de la provision à celle de la présentation du chèque au paiement.

En tout état de cause, l'absence de provision n'annule pas le chèque sans provision étant donné que la validité de ce titre s'apprécie exclusivement au regard de la forme (les mentions obligatoires).

B – Les modalités de constitution de la provision

Aux termes de l'article L. 131-4 al. 2 du CMF, la provision est faite par le tireur ou celui pour le compte de qui le chèque est tiré. La preuve de l'existence de la provision lui incombe. Il peut la constituer selon plusieurs modalités :

Il peut remettre des effets de commerce ou des chèques à l'encaissement, avec cette réserve que la provision est constituée non à leur remise, mais à la date de leur recouvrement effectif. Mais rien n'empêche que la banque consente au tireur une avance sur recouvrement.

La provision peut être constituée par des sommes avancées par la banque au titre de l'escompte des effets de commerce.

La modalité qui semble la plus problématique est l'ouverture de crédit sous diverses formes. Mais quelle qu'en soit la forme, l'ouverture de crédit est nécessairement de contrat par lequel la banque s'engage à mettre à la disposition de son client des fonds qu'il peut emprunter et utiliser dans la limite du plafond fixé par le contrat.

En principe, l'ouverture de crédit ne requiert aucune formalité, sauf sans doute dans le cadre des relations entre les banques et les particuliers soumises au régime du crédit à la consommation (C. consom., articles L. 312-18, ordonnance du 14 mars 2016). Ces textes exigent que le contrat de crédit soit écrit. Ce qui facilite la preuve de l'engagement de la banque.

En dehors du Code de la consommation et si l'écrit est facultatif, le problème de la preuve de l'existence du crédit constituant la provision d'un chèque va se poser, la question étant de savoir s'il y avait une provision préalablement à l'émission du chèque. Plus précisément, lorsqu'il s'agit d'un crédit non confirmé par écrit, des difficultés peuvent surgir concernant l'existence, le montant et la durée. La jurisprudence recherche les indices caractéristiques de l'engagement de la banque, par exemple, le maintien du compte du tireur en position de découvert pendant un certain temps, les variations du solde débiteur du compte sur lequel le chèque est émis.

La banque qui dénonce le crédit doit payer les chèques émis antérieurement, dans la limite du disponible, en tenant compte des autres opérations effectuées par le tireur entre la date d'émission du chèque et celle de la dénonciation de l'ouverture de crédit. La dénonciation ne doit donc pas préjudicier au droit au paiement du bénéficiaire acquis dès l'émission. La banque qui refuserait de payer le chèque émis avant la dénonciation du crédit commet une faute de rupture brutale du crédit et serait tenue des conséquences pour le client.

La preuve de l'existence de la provision peut se faire par tout moyen, dont la certification et surtout le visa

C – Les caractères de la provision

La provision doit non seulement exister, mais aussi être certaine, liquide et exigible. Elle ne doit pas être éventuelle ou exister sous condition suspensive ou à terme, car le chèque est payable à vue. La liquidité vise la valeur en argent, suffisant par rapport au montant du chèque sinon, il y a défaut de provision. La provision est disponible si le tireur a le droit d'en disposer notamment par chèque conformément à une convention expresse ou tacite de la banque et du tireur (CMF, art. L. 131-4 al. 1 CMF).

La provision est irrévocable – Elle doit exister lors de la création du chèque et lors du paiement. Le tireur ne doit donc ni retirer, ni bloquer la provision. Il risquerait une peine d'emprisonnement de cinq ans et une amende de 375 000 euros pour tout retrait postérieur à l'émission, « dans l'intention de porter atteinte aux droits d'autrui » (CMF, art. L. 163-2). Seraient ainsi sanctionnés le retrait total ou partiel, par transfert, virement ou tout autre moyen ainsi que toute défense faite au tiré de payer. Cette sanction s'applique aussi à toute personne qui accepte de recevoir ou d'endosser en connaissance de cause un chèque émis pour révoquer la provision.

La provision est irrévocable en raison de son transfert au bénéficiaire lors de l'émission du chèque. Si le chèque circule, la provision se transmet aux bénéficiaires successifs qui acquièrent ainsi tous les droits résultant du chèque. Ainsi, le principe de l'inopposabilité des exceptions entraîne l'inefficacité de tout événement frappant le tireur après émission, car le montant du chèque est sorti de son patrimoine pour entrer dans celui du bénéficiaire. D'où l'obligation pour les héritiers de payer le chèque émis par le défunt. Selon l'art. L. 131-36 CMF, repris par la jurisprudence[51], ni le décès du tireur, ni son incapacité survenant après l'émission ne touchent aux effets du chèque de sorte que c'est à l'ayant droit du tireur, venant à ses droits et obligations, que le certificat de non-paiement doit être signifié par l'huissier instrumentaire en vue de la délivrance d'un titre exécutoire conformément à l'art. L. 131-73. Cette solution s'applique aussi au chèque émis avant ouverture de la procédure collective, sauf invalidation pour émission en période suspecte.

Si le tireur a plusieurs comptes, la provision doit exister sur le compte sur lequel le chèque est émis. Sinon, le chèque est sans provision, même si d'autres comptes du ti-

---

[51] Com., 3 juill. 2012, n° 11-14227.

reur sont approvisionnés. L'explication tient au fait que les multiples comptes ouverts au nom d'un seul titulaire fonctionnent de façon autonome. Seul le tireur peut, en souscrivant une convention d'unité de compte, déroger à cette présomption d'indépendance de ses multiples comptes.

SECTION 2
La circulation du chèque

Le chèque circule de l'émetteur au bénéficiaire ou son mandataire ou représentant pour effectuer le paiement d'une dette du tireur ou celle d'autrui, pour retirer des fonds pour soi-même ou approvisionner un de ses comptes quand on est multi-comptes, faire une gratification ou un prêt à autrui. Les modalités de transmission sont les mêmes que pour les effets de commerce, mais elles présentent moins d'intérêt parce que la circulation du chèque est plus limitée.

§ 1 – La remise du chèque

La plupart des chèques sont barrés et portent la mention que ce chèque « non endossable, sauf au profit d'une banque ou de tout autre établissement admis à être endossataire par la loi ». Cette mesure de restriction de l'endossement limite les possibilités de circulation du titre et favorise la remise et la tradition comme modes de circulation du chèque.

La remise se fait en mains propres ou tradition ou par voie postale. Le bénéficiaire s'assurer de l'identité du tireur par un document officiel portant sa photographie. Il faut souligner que le bénéficiaire peut engager sa responsabilité envers le tireur ou le tiré. Ce risque oblige les commerçants à exiger une pièce d'identité de leurs clients qui paient par chèque.

Les effets de la remise du chèque au bénéficiaire – Trois effets méritent d'être soulignés.

La remise transfère au bénéficiaire la provision, somme portée sur le chèque. Le principe de l'inopposabilité des exceptions s'applique. L'opposition et tout autre moyen de blocage, voire le retrait par le tireur deviennent illicites.

Quant à la dette fondamentale, elle n'est pas éteinte par la remise d'un chèque, car une telle remise ne vaut pas paiement. En somme, le paiement se réalise lorsque le tiré inscrit le montant du chèque sur le compte du bénéficiaire. Telle est la signification de l'article L. 131-67 CMF selon lequel « la remise d'un chèque en paiement acceptée par un créancier n'entraîne pas novation ». Il s'ensuit que l'absence de provision, l'expiration du délai de présentation ou tout autre motif du non-paiement laissent survivre la créance fondamentale. Seul l'encaissement marque la fin du chèque et le règlement de la dette fondamentale.

§ 2 – L'endossement translatif

Seuls les chèques non barrés sont endossables.

L'endossement obéit à certaines règles de forme. Il peut être fait à personne ou à son ordre. L'endossement est nominatif s'il indique le nom de l'endossataire, sinon, il est en blanc ou au porteur. L'endossement est effectué sur le titre ou sur allonge. En tout état de cause, l'endossement doit être pur et simple car il est nul s'il est partiel. La signature de l'endosseur est mécanique ou manuelle. L'indication de la date n'est pas nécessaire.

Les effets de l'endossement translatif – Tous les droits, actions et accessoires du titre, et donc la provision, sont transmis à l'endossataire, et l'endosseur devient garant du paiement. L'article L. 131-25 rappelle la règle de l'inopposabilité des exceptions au profit du bénéficiaire du chèque. Mais comme pour les effets de commerce, seul le porteur de bonne foi est protégé.

Les exceptions formelles et personnelles du débiteur et du porteur sont opposables à ce dernier. Il en est de même de l'incapacité du tireur.

§ 3 – L'endossement de procuration

Cet endossement permet à l'endosseur de confier à l'endossataire de recevoir le paiement du chèque. L'endossataire devient un simple mandataire dont le mandat survit au décès du mandant, dérogeant ainsi au droit commun du mandat (Cciv., art. 2003). Les exceptions opposables au mandant le sont à son mandataire. Celui-ci doit encaisser et inscrire le produit au compte du remettant et lui en rendre compte.

SECTION 3
Le paiement du chèque

§ 1 – La présentation au paiement

Le chèque est payable à vue, et toute mention contraire est réputée non écrite. Le chèque est payable au jour de la présentation, dès son émission malgré toute clause contraire. Le chèque de garantie est donc payable à vue s'il est régulier en la forme.

La présentation est faite par le tireur ou un tiers bénéficiaire ou endossataire. Le porteur doit justifier de son identité à moins que le chèque soit en blanc ou au porteur, car dans ces cas, le présentateur est réputé être le porteur légitime.

La présentation au paiement doit intervenir dans le délai de présentation déterminé par l'article L. 131-32 CMF, en fonction du lieu d'émission du chèque que résume le tableau ci-après, délai à calculer à compter de la date d'émission.

Lieu d'émission du chèque	Délai légal de présentation au paiement
Émission en France métropolitaine	8 jours
Émission hors de France métropolitaine, mais en Europe ou dans les pays riverains de la Méditerranée, à condition que lechèque soit payable en France métropolitaine	20 jours
Émission dans tout autre pays	70 jours

Sanctions du non-respect du délai de présentation – Le porteur négligent, faute d'avoir respecté le délai de présentation du chèque au paiement, s'expose à plusieurs sanctions. Il perd en principe tout recours cambiaire, sanction inutile puisque le chèque ne circule pas comme les effets de commerce. Mais le tireur reste tenu pendant le délai de prescription même si le chèque n'a pas été présenté au paiement dans le délai légal. Le tireur ne peut donc pas se prévaloir du non-respect du délai de présentation contre le porteur qui le poursuit en paiement durant la période de prescription. Cette prescription est d'un an à compter de l'expiration du délai de présentation. Ainsi, un chèque émis en France n'est plus valable comme chèque après un an et huit jours (1 an et 8 jours). Mais en cas de déchéance ou de prescription, l'action contre le tireur subsiste s'il n'a pas fait provision. Il en est de même de l'action contre les autres obligés qui se seraient enrichis injustement. Ainsi, la prescription court contre le tiré et non le tireur ou les obligés dans ces cas-là.

§ 2 – Les obligations du tiré lors de la présentation du chèque au paiement

Le tiré, mandataire du tireur, est chargé de payer le chèque. Il est en même temps dépositaire des fonds inscrits sur le compte du tireur. L'exécution des obligations qui pèsent sur lui à ces deux titres suppose qu'il paie le chèque sans commettre une imprudence et après s'être assuré de la régularité formelle du chèque. Pour que le paiement qu'il effectue le libère, le tiré doit donc procéder à des vérifications préalables de la régularité du chèque, des droits du porteur et de l'existence de la provision et de l'absence d'opposition au paiement.

A. Des vérifications concernant le bénéficiaire du chèque

Le tiré doit vérifier l'identité du bénéficiaire présentateur et s'assurer de sa capacité à recevoir le paiement. Si le présentateur est un mandataire agissant pour le compte du bénéficiaire, des justificatifs des pouvoirs doivent être exigés.

Le tiré doit s'assurer que le compte sur lequel le montant du chèque est inscrit est bien celui du bénéficiaire.

Par ailleurs, le tiré a intérêt à vérifier la régularité formelle et apparente du titre qui doit comporter les mentions obligatoires.

Ces diligences incombent au banquier présentateur et à la banque du tiré, car tous engagent leur responsabilité *in solidum* pour défaut de vérification[52]. L'emploi de procédé de traitement informatique ne constitue pas une cause d'exonération[53].

---

[52] Com., 3 déc. 2002 ; JCP 2003 IV 1179.

[53] Com., 9 juill. 2002 ; D 2002 jurisp. 2672 ; RDBF sept.-oct. 2002, p. 250.

B. Le contrôle de la signature du tireur

Avant le paiement du chèque, le banquier vérifie l'authenticité de la signature du tireur qu'il compare avec le *spécimen* déposé lors de l'ouverture du compte. Cette vérification lui permet de déceler d'éventuelles falsifications. La négligence de la banque peut être une faute grave, notamment en cas de falsification apparemment grossière. La moindre discordance apparente entre les deux signatures engage la responsabilité de la banque. Mais la signature peut être formellement correcte sans être authentique, le faussaire ayant réussi à imiter celle du titulaire du compte. Le tiré qui a payé un tel chèque n'est pas pour autant libéré, car la jurisprudence relative à la fraude en matière de chèque est bien assise et distingue deux cas selon que le chèque est faux dès l'origine ou qu'il a été falsifié après son émission.

C. Les solutions jurisprudentielles concernant le chèque faux dès l'origine

Le chèque est faux dès l'origine lorsqu'il porte une fausse signature du titulaire du compte. Le faussaire a donc pu soustraire frauduleusement ou détourner des formules de chèques qu'il a remplies en imitant ou en falsifiant[54] la signature du titulaire du compte. Le faussaire peut être inconnu de ce dernier, mais très souvent, il s'agit de ses proches, à savoir, un membre de la famille, un conjoint ou partenaire, un salarié ou un intermédiaire dans la

[54] Lyon, 28 oct. 2014, n° 13-04040 ; L'Essentiel droit bancaire – 01/12/2014 – n° 11, p. 4 : en l'espèce, le compagnon du titulaire du compte gravement malade avait abusé de sa faiblesse et prélevé des formules de chèque qu'il a émis en falsifiant sa signature et en faisant disparaître les souches des chèques pour dissimuler ses actes frauduleux. La Cour d'appel a considéré qu'il ne s'agissait pas de contrefaçon, mais de falsification justifiant l'application de l'article 1937 du Code civil pour condamner la banque tirée à restituer les fonds volés, même si la signature du titulaire du compte était parfaitement imitée.

transmission des formules de chèques par le tiré. En ce qui concerne les personnes morales, le faux chèque peut avoir été émis par une personne sans mandat social pour faire fonctionner le compte de celle-ci[55].

Le problème est de savoir qui doit supporter les sommes frauduleusement soustraites du compte du titulaire du compte. Il est revenu à la jurisprudence de résoudre ce problème.

En effet, selon une jurisprudence bien assise[56], le chèque non revêtu de la signature du titulaire du compte ou de son mandataire, mais de celle d'un faussaire, n'a eu à aucun moment la qualité légale de chèque, de sorte que la banque tirée, en le payant, ne s'est pas valablement libérée au regard de l'article 1937 du Code civil, n'ayant pas en effet correctement rempli son obligation de restitution. Il en est ainsi, même si la banque n'a commis aucune faute. La banque ne peut invoquer un mandat apparent pour justifier l'absence de vérification et de tout contrôle sur la signature des chèques frauduleux[57].

Il est donc en principe inutile de s'interroger sur la faute du tiré qui supporte en définitive l'escroquerie. **Mais le tireur peut avoir commis une faute à l'origine ou ayant contribué à l'escroquerie. Quelle serait la faute et quelle en serait l'incidence sur la responsabilité du tiré ?**

À l'analyse de la jurisprudence, on découvre la diversité des fautes susceptibles d'être commises par le titulaire du compte sur lequel le chèque frauduleux a été émis. Il en est ainsi lorsque le titulaire du compte perd ou se fait voler son chéquier et ne le signale pas à temps au tiré. Il en est

---

[55] Civ. 1re, 6 sept. 2017, n° 16-17230 : des chèques émis par l'épouse du gérant de la SCI.

[56] Com., 27 févr. 1996 ; 2 juill. 2002 RDbanc. et fin nov./déc. 2002, p. 315 ; Com., 12 juill. 2017, n° 16-13576.

[57] Bordeaux, 21 janv. 2015, n° 12/03849 ; L'Essentiel droit bancaire, 01/04/2015, 04, p. 5.

de même de celui qui signe à l'avance des chèques en blanc ou qui abandonne son chéquier dans sa voiture non fermée. L'absence de vérification de ses relevés bancaires a aussi été retenue comme faute malgré l'âge avancé du titulaire du compte[58]. La faute peut être commise par une personne dont le titulaire du compte répond, tel est le cas des préposés ou des personnes de son entourage. Les juges reprochent enfin à certains titulaires de compte le manque de surveillance et de contrôle des relevés de compte lors de la réception[59].

La faute du titulaire du compte est prise en compte par la jurisprudence comme cause d'exonération totale ou partielle du tiré. La faute exclusive du titulaire du compte libère la banque. En revanche, la responsabilité est partagée avec son client dans la proportion de leurs fautes respectives[60] ayant contribué à la réalisation ou à l'aggravation du préjudice du tireur.

Mais le débat en matière de chèque faux dès l'origine va se transporter sur le terrain de la preuve. En effet, la preuve de l'émission par un faussaire incombe à celui qui l'invoque[61]. Sans cette preuve, la banque n'a aucun risque à supporter. Ce sera ensuite le débat sur la preuve de la faute afin d'exonérer la banque ou de retenir sa responsabilité partielle. La faute du titulaire du compte doit alors être établie par le tiré et appréciée par les juges du fond qui sont tenus de justifier leurs décisions à cet égard.

Les solutions jurisprudentielles concernant le chèque falsifié – Dans ce cas précis, le chèque a bien été émis par le titulaire du compte, mais certaines mentions ont été modifiées par la suite, frauduleusement. On pense

[58] Com., 5 nov. 2002 ; JCPE 2003, p. 36 ; RDbanc. et fin janv./févr. 2003, act. n° 1, p. 11.
[59] Com., 23 oct. 2001, n° 99-10097 ; RTD com. 2002 p. 136 ; RDbanc et fin. nov./déc. 2001 act. 217.
[60] Com., 16 oct. 2007, n° 06-16319.
[61] Civ. 1re, 6 sept. 2017, n° 16-17230.

notamment à la falsification du montant du chèque après son émission, la surcharge de l'indication du bénéficiaire, l'indication du numéro de compte frauduleux à côté du nom du bénéficiaire.

La banque n'est pas en principe tenue de rembourser les sommes obtenues frauduleusement. Sa responsabilité ne peut être retenue que dans la mesure où il aurait commis une faute que les juges du fond doivent rechercher et caractériser[62]. La jurisprudence considère clairement que le chèque falsifié est un cas de responsabilité pour faute du tiré qui n'a qu'une obligation de moyens[63]et non de résultat.

§ 3 – La réalisation du paiement

Le paiement est une opération importante pour le porteur comme pour le tireur et le tiré.

S'agissant du tireur, il convient de rappeler que la remise du chèque n'éteint pas l'obligation de payer. Elle laisse subsister la dette d'origine avec ses garanties jusqu'au paiement effectif. Seule la réalisation du paiement du chèque permet d'y mettre fin. La jurisprudence le rappelle lorsqu'elle énonce que le paiement du chèque se réalise par l'encaissement et la mise à disposition des fonds du créancier par le tiré[64].

En ce qui concerne le tiré, le paiement du chèque est une modalité d'exécution de l'ordre qui lui est donné par le tireur de remettre les fonds dont il est dépositaire au bénéficiaire. Le paiement réalise donc l'exécution de deux obligations, à savoir, l'ordre de payer et l'obligation, en tant que dépositaire des fonds appartenant au tireur, de

---

[62] Com., 17 mai 2017, n° 15-23927.

[63] Com., 16 mars 2010, n° 09-11734 ; RDbanc. et fin. Juill. août 2010 ; Comm. 124.

[64] Civ. 1re, 4 av. 2001 D 2001 som., p. 3323, obs. Groutel ; civ. 1re, 11 févr. 1997 ; D. 97 som. 263 obs Cabrillac.

remettre ces fonds à la personne désignée par lui (le tireur), cette personne étant le bénéficiaire du chèque.

Quant au bénéficiaire, le paiement lui permet d'obtenir le montant du chèque dont il est devenu propriétaire à la suite de la transmission du chèque. Ce paiement réalise en même temps le recouvrement de sa créance dans le rapport fondamental auquel il met fin en lui donnant entière satisfaction.

SECTION 4
Les incidents de paiement

Les incidents de paiement sont des événements qui empêchent partiellement ou totalement le paiement du chèque. Parmi ces incidents, seuls l'opposition et les incidents relatifs à la provision seront exposés.

§ 1 – L'opposition au paiement

L'opposition est régulière seulement dans les cas et les formes légaux. L'opposition conforme à ces exigences produit alors tous ses effets.

A – La régularité de l'opposition

1. Les cas dans lesquels le tireur peut faire opposition au paiement du chèque sont limitativement fixés par l'article L. 131-35, al. 2 CMF :

« Il n'est admis d'opposition au paiement par chèque qu'en cas **de perte**, **de vol ou d'utilisation frauduleuse du chèque, de procédure de sauvegarde, de redressement ou de liquidation judiciaires du porteur**. »

La perte ou vol – Qu'il s'agisse du vol ou de la perte, le tireur est dépossédé involontairement du chèque. Il n'y a donc ni perte ni vol, lorsque le tireur remet volontairement le titre et qu'il est soustrait frauduleusement entre les mains d'un tiers, fût-il le bénéficiaire[65]. Est assimilée au vol l'extorsion du chèque par violence ou menace. En revanche, il n'y a pas de vol en cas de remise volontaire du chèque au bénéficiaire. L'envoi par erreur à tel destinataire qui n'en était pas le vrai n'est pas non plus un cas de vol ou de perte. La preuve du vol incombe à l'opposant en cas de contestation.

L'utilisation frauduleuse du chèque – Ce cas vise la tromperie lors de l'émission du chèque ou un comportement déloyal postérieur à cette émission. Quelques exemples d'utilisation frauduleuse du chèque : la falsification d'une mention par le bénéficiaire, un porteur subséquent ou simple détenteur ; l'utilisation d'un chèque par un dépositaire ou un mandataire contrairement à l'affectation indiquée par le tireur [66] . En revanche, l'encaissement d'un chèque de garantie ne constitue pas du tout une utilisation frauduleuse susceptible de justifier l'opposition du tireur[67].

En conclusion, l'utilisation frauduleuse suppose une tromperie commise au moment de l'émission ou un comportement déloyal postérieur à l'émission.

Le redressement, la liquidation judiciaire ou la procédure de sauvegarde du porteur – Dans ces différents cas, l'opposition par le tireur permet d'éviter le détournement du montant du chèque par le porteur qu'il ne savait pas soumis à la procédure collective.

---

[65] Com., 18 févr. 2004 ; D. 2004, AJ, p. 1082 ; JCP E 2004 pan. rap. 574 : chèque volontairement remis à un parent et détourné par le salarié du bénéficiaire. Le juge a ordonné la mainlevée de l'opposition du tireur.

[66] Com., 24 oct. 2000 ; D. 2000 juris., p. 417, 2 espèces. La deuxième retient comme utilisation frauduleuse l'obtention d'un chèque à la suite d'une fausse affirmation par le bénéficiaire.

[67] Com., 22 sept. 2015, n° 14-17901 ; RD banc. et fin. n° 2 mars 2016, Comm. 51 ; JCPE 2015, 1617

2. Le caractère limitatif des trois cas appelle quelques observations

Toute cause de l'opposition hors des trois cas légaux est illicite. Ainsi, l'inexécution ou l'exécution défectueuse de l'obligation fondamentale ne peut en aucun cas justifier l'opposition au paiement du chèque émis par le tireur.

Lorsque l'opposition est irrégulière au regard de l'article L. 131-35 al. 2 CMF, le juge des référés va en ordonner la mainlevée. L'opposant encourt par ailleurs les peines prévues par l'article 163-2 CMF pour sanctionner les obstacles au paiement avec l'intention de porter atteinte aux droits d'autrui.

Le banquier a l'obligation d'informer par écrit le titulaire du compte des sanctions encourues en cas d'opposition fondée sur une cause autre que celles fixées par l'article L. 131-35 CMF. À la réception d'une telle opposition ou confirmation écrite d'opposition, le tiré adresse au titulaire du compte une lettre lui indiquant pourquoi cette opposition ne peut être admise.

3. La forme de l'opposition

L'opposition doit être immédiatement confirmée par un écrit dont la loi n'indique pas la forme. Elle peut donc être faite sur papier ou par voie télématique. La confirmation mentionne le motif, et la banque informe le client par écrit des risques de l'opposition sur motif illicite et les peines encourues.

B – Effets de l'opposition

1. Effets à l'égard du tiré (la banque)

La banque doit effectuer un simple contrôle formel de l'opposition afin de vérifier la conformité du motif avec ceux énoncés par l'article L. 131-35 CMF. Telle est la position de la jurisprudence bien assise sur la question du rôle de la banque qui reçoit l'opposition. La jurisprudence affirme en effet que « l'établissement de crédit sur lequel a été tiré un chèque frappé d'opposition n'a pas à vérifier la réalité du motif d'opposition invoqué »[68], « mais seulement, si ce motif est l'un de ceux autorisés par la loi »[69]. Elle informe ensuite l'opposant des risques de l'opposition illicite.

L'opposition formellement licite a pour effet de bloquer le paiement dans tous les guichets, car elle vaut révocation du mandat de payer et s'applique à toutes les agences.

La durée du blocage court jusqu'à l'intervention d'une décision judiciaire sur la validité opposition, si la banque est mise en cause, sinon, jusqu'à l'expiration du délai de prescription, donc un an.

Le paiement effectué par la banque en violation de l'opposition régulière n'est pas libératoire pour la banque.

2. Effets à l'égard du bénéficiaire du chèque

Le bénéficiaire qui conteste l'opposition a le droit d'en demander la mainlevée auprès du juge des référés. Si l'opposition est illicite, ce juge est obligé d'ordonner la mainlevée malgré l'existence d'une instance principale en cours devant les juges du fond.

Dès la mainlevée, le tiré paie le chèque sur présentation. Mais le tiers porteur de bonne foi doit être payé car l'opposition est inefficace à son égard. Il peut donc se prévaloir de la règle de l'inopposabilité des exceptions telle qu'énoncée par l'article L. 131-25 CMF.

---

[68] Com., 8 oct. 2002, n° 00-12.174 ; bull. civ. IV, n° 135 ; D. 2002. 2940, obs. V. Avena-Robardet ; RTD com. 2003. 140, obs. M. Cabrillac ; JCP E 2003, n° 5, p. 222, note D. Cholet ; RD banc. Fin. 2002, n° 225, obs. F.-J. Crédot et Y. Gérard ; Banque et Droit, janv.-févr. 2003. 57, obs. T. Bonneau.

[69] Com., 16 juin 2015, F-P+B, n° 14-13.493 ; RD banc. et fin. n° 6, nov. 2015, Comm. 178.

3. Effets à l'égard du tireur opposant

Sur le fond, si le juge des référés rejette l'opposition, le tireur est assimilé au tireur sans provision ou ayant retiré la provision et encourt des sanctions à ce titre.

Le juge des référés peut le condamner à verser une provision si l'obligation principale n'est pas sérieusement contestable.

La faute quasi délictuelle du tireur pour opposition illicite engage sa responsabilité à l'égard de la victime qu'il devra indemniser pour le préjudice subi.

§ 2 – Les incidents relatifs à la provision

La provision peut être inexistante, insuffisante, indisponible. Ces incidents exposent le tireur au risque d'interdiction bancaire car il n'existe plus d'infraction d'émission du chèque sans provision.

A – La situation du tiré en cas d'absence ou d'indisponibilité de la provision

1. La faculté de payer le chèque sans provision

En principe, la banque n'a aucune obligation de payer le chèque sans provision. La procédure d'interdiction bancaire peut donc être déclenchée dès lors que la provision n'existe pas ou qu'elle est insuffisante.

Mais le tiré est libre de payer à découvert pour éviter à son client la procédure d'incident de paiement ou une mesure d'interdiction d'émettre des chèques. Il lui fait crédit, comme le confirme la Cour de cassation[70] qui juge que « lorsqu'il n'existe pas de provision préalable suffisante, le banquier, en passant au débit du compte de son client un chèque émis par ce dernier et présentant toutes les appa-

---

[70] Com., 30 mars 2010, 09-65949, RDbanc. Fin. Juill.-août 2010, comm. 123 ; voir aussi, Com. 28 févr. 2006 : D.
2006. 854. obs. V. Avena-Robardet.

rences de la régularité, lui consent une facilité de caisse sur sa demande implicite ». L'obligation de payer le chèque découle alors de la convention passée par la banque et son client, obligation contractuelle que le tiré doit exécuter[71].

2. Les cas d'obligation de payer le chèque sans provision

L'obligation de payer le chèque en cas de provision partielle – Le bénéficiaire du chèque a le droit d'exiger le paiement de la provision inférieure au montant du chèque. À sa demande, la banque peut donc être condamnée à le payer à concurrence de la provision partielle disponible, sur le fondement de l'article L. 131-37 CMF[72].

Il doit ensuite faire dresser protêt pour le surplus. Le tiré peut exiger, en payant, qu'il lui soit remis quittance et que mention soit faite sur le chèque. Pour la mise en œuvre du droit à la provision partielle, le tiré a l'obligation d'informer le tireur de l'existence d'une provision partielle. L'inexécution de cette obligation d'information est une faute susceptible de justifier la condamnation du tiré à payer le montant de la provision partielle et à indemniser le porteur qui en serait victime.

Le tiré encourt par ailleurs la sanction pénale d'une amende de 1 200 euros (CMF, art. L. 163-10).

L'obligation de garantir le paiement de certains chèques – Le banquier est obligé de garantir le paiement de certains chèques visés par les articles L. 131-81 et L. 131-82 CMF. Il s'agit des chèques d'un montant inférieur ou égal à 15 euros et de ceux émis par un interdit sur des formules non restituées ou irrégulièrement délivrées

---

[71] Com., 18 janv. 2011, n° 10-10259, L'Essentiel droit bancaire, 1er mars 2011, n° 3, p. 2.

[72] Civ. 2e, 7 avr. 2016, n° 15-11436 ; RDBanc, fin. n° 3, mai 2016, Comm. 134.

par la banque (CMF, art. L. 131-81). La banque va donc payer les bénéficiaires de ces chèques. La garantie due par la banque est une mesure de protection des bénéficiaires et non du tireur contre lequel la banque va exercer son recours après avoir payé le bénéficiaire.

3. L'obligation d'information préalable au rejet du chèque sans provision

Selon l'article L. 131-73 CMF, issu de la loi n° 2001-1168 du 11 décembre 2001 (dite loi MURCEF), le banquier « peut, après avoir informé par tout moyen approprié mis à disposition par lui le titulaire du compte des conséquences du défaut de provision, refuser le paiement d'un chèque pour défaut de provision suffisante ». Il ressort de ce texte que le banquier, qui n'entend pas payer le chèque sans provision, doit exécuter l'obligation légale d'information préalablement au rejet du chèque. La jurisprudence a essayé de préciser les contours et les sanctions de cette obligation spécifique d'information qui pèse sur les banques.

S'agissant des contours de l'obligation légale d'information préalable au rejet d'un chèque, la jurisprudence énonce que le banquier doit adresser au tireur un avertissement précis au sujet du ou des chèques émis sans provision et qu'une information à caractère général, donnée une fois pour toutes, ne suffit pas. L'avertissement concerne chacun des chèques émis, même si le tireur a connaissance du défaut de provision et de ses conséquences[73]. Le banquier doit laisser au tireur un délai raisonnable pour réagir et approvisionner son compte.

Quant à la sanction, la Cour de cassation [74] a eu à juger que la banque qui viole l'obligation d'information pré-

[73]Com., 14 mars 2006, n° 04-16946 ; D. 2006, p. 979.
[74] Com., 14 juin 2016, n° 14-19742 ; RDbanc. et fin. n° 5/sept. 2016, comm. 187 ; D. 2016, act. 1364 ; JCPE 2016, act. 562

alable prévue par l'article L. 131-73 CMF engage sa responsabilité civile et doit réparer le préjudice résultant du défaut de délivrance de l'information et que ce préjudice « consiste en la perte de la chance, pour le titulaire du compte, d'approvisionner celui-ci pour couvrir les chèques émis et échapper aux conséquences qui résultent du refus de paiement du chèque ». La réparation du préjudice de perte de chance ne peut donc pas être le montant du chèque. En tout état de cause, le tireur doit, conformément au droit commun, prouver son préjudice[7575].

4. La lettre d'injonction et d'interdiction bancaire

Cette lettre est adressée au tireur sans provision ou avec une provision insuffisante, lorsque le délai qui lui a été accordé dans l'avis d'information préalable expire sans réaction ou sans approvisionnement du compte du tireur. Aucun texte n'indique le délai d'approvisionnement du compte, mais dans la pratique, il semble que les banques se soient engagées pour un délai inférieur à 7 jours.

L'article R. 131-15 CMF et l'arrêté du 20 avril 2011 pris pour l'application des articles R. 131-24 et R. 131-48 CMF précisent le contenu de la lettre d'injonction et d'interdiction bancaire. Pour l'essentiel, on retient que, adressée par lettre recommandée avec avis de réception au tireur, à ses mandataires et aux co-titulaires du compte, cette lettre leur enjoint de ne plus émettre de chèques et de restituer les formules non utilisées, indépendamment de la banque qui les a délivrées, car l'interdiction est générale en ce qu'elle s'applique à tous les comptes dans toutes les banques. La lettre leur précise les conditions de régularisation et les informe de la possibilité de disposer uniquement des moyens de paiement autres que le chèque.

---

[75] Com., 17 févr. 2015, n° 13-28495 ; Com., 15 févr. 2011, n° 10-10677

5. L'obligation faite au tiré d'aviser la Banque de France

Outre la clôture du compte, l'opposition pour perte ou vol de chèques ou de formules de chèques, l'article L. 131-84 CMF oblige le tiré qui a refusé le paiement d'un chèque pour défaut de provision à en aviser la Banque de France. L'avis est transmis au plus tard le 2e jour ouvré suivant le refus de paiement ou le 5e jour ouvré pour un chèque émis en violation d'une interdiction bancaire ou judiciaire. À défaut, le tiré encourt l'amende de 12 000 euros prévue par l'article L. 163-10 al. 3 CMF.

Le fichier central des chèques recueille les déclarations d'incidents et les données sont communiquées, à leur demande, aux autorités judiciaires et aux établissements bancaires.

B – La situation du tireur sans provision

Suite à l'information préalable au rejet, le tireur peut constituer provision pour éviter cette lettre d'injonction et d'interdiction bancaire.

Mais s'il ne le fait pas, la lettre d'injonction lui interdit d'émettre des chèques jusqu'à la régularisation. L'interdiction va jouer automatiquement contre les personnes physiques ou morales, peu important qu'elles soient de bonne ou de mauvaise foi ou la validité du rapport fondamental.

L'interdiction est la privation du droit d'émettre un chèque ordinaire sur tous ses comptes, même si le tireur a l'obligation de payer par chèque. Il est donc interdit de toute délivrance de chèque, sauf certifié ou chèque de banque. L'interdiction court en principe jusqu'à la régularisation, sinon le délai est de 5 ans depuis la loi NRE du 15 mai 2001.

Les modalités de la régularisation – Ces modalités sont prévues par les articles R. 131-20 et suivants du Code monétaire et financier. Ainsi, le tireur doit régler le montant du chèque impayé et justifier du règlement en remettant ledit chèque à la banque tirée entre les mains du bénéficiaire (art. R. 131-20). Si le chèque rejeté est payé lors d'une nouvelle présentation, le tireur doit en faire état auprès du tiré (art. R. 131-21). Par ailleurs, l'article R. 131-21-1 énonce que l'effacement d'une créance correspondant au montant du chèque impayé vaut la régularisation de l'incident. Enfin, l'article R. 131-22 permet au tireur de constituer une provision suffisante et disponible à cet effet, en versant une somme suffisante pour le paiement du chèque avec une demande expresse de bloquer la provision en vue de ce paiement. Les sommes versées sont bloquées pendant un an, après quoi elles redeviennent disponibles. Si ces règles ne sont pas respectées, la jurisprudence considère que le tireur sans provision n'a pas régularisé sa situation. Tel est le cas d'un tireur qui prétend avoir régularisé sa situation au guichet de la banque, prétention justifiée par le bénéficiaire du chèque impayé au moyen d'une attestation[76].

L'attestation de régularisation est adressée ou remise, en application de R. 131-23, par le tiré au titulaire ayant procédé à la régularisation de tous les incidents survenus sur le compte. Elle doit contenir les informations prévues audit article : le numéro du compte, le nom ou dénomination ou raison sociale du titulaire du compte et les éléments d'identification précise du tiré.

S'agissant de la pénalité libératoire, elle a été supprimée par la loi du 1er juillet 2010 portant réforme du crédit à la consommation qui a jugé ces pénalités sans aucun effet dissuasif et qu'elles peuvent être plutôt pénali-

---

[76] Pau, 13 mai 2014, n° 14/1686 ; L'Essentiel droit bancaire, 01/07/2014, n° 07, p. 6.

santes pour les personnes physiques et les personnes morales. Par ailleurs, il était important de faire disparaître ces pénalités pour les personnes physiques surendettées.

Mais le tireur sans provision doit supporter les frais bancaires occasionnés par le traitement de ce dossier. Aux termes de l'article D. 131-25, ces frais comprennent les sommes facturées pour la lettre d'information préalable au rejet, l'envoi de la lettre d'injonction ou de rejet de chèque. Mais le texte a plafonné le montant de ces frais bancaires à 30 euros pour un chèque d'un montant inférieur ou égal à 50 euros, 50 euros pour un chèque supérieur à 50 euros. Ces frais ne peuvent être débités du compte du tireur qu'au bout d'un délai minimum de 14 jours après l'avoir informé sur son relevé mensuel.

C – La situation du porteur du chèque sans provision

Lorsque le tireur ne régularise pas l'incident dans le délai de trente jours suivant la première présentation du chèque, le porteur a le droit de demander que le tiré lui délivre un certificat de non-paiement qu'il va faire notifier ou signifier par l'huissier au tireur. La signification vaut commandement de payer. Le tireur a alors un délai de quinze jours à compter de la réception de la notification ou signification pour verser le montant du chèque entre les mains de l'huissier. Dans le cas contraire, l'huissier délivre un titre exécutoire devant servir à engager la procédure d'exécution contre le tireur.

Pour les chèques endossables et ayant circulé, le porteur peut exercer des recours contre les endosseurs, le tireur et les autres obligés, à la double condition d'avoir présenté le chèque en temps utile et d'avoir fait dresser le protêt avant l'expiration du délai de présentation. **Mais** pour le recours cambiaire contre le tireur sans provision, la

Cour de cassation[77] décide « que le défaut de provision, qui permet l'ouverture de ce recours spécifique, doit être constaté avant l'expiration du délai de prescription prévu par l'alinéa 2 de l'article L. 131-59 dudit Code, qui est d'une année courant à partir de l'expiration du délai de présentation ». En l'espèce, pour aboutir à cette solution, la Cour de cassation rappelle l'alinéa 2 de l'article L. 131-59 selon lequel la prescription de l'action contre le tiré est d'un an à partir de l'expiration du délai de présentation. Cet arrêt fixe pour la première fois le délai de constatation du défaut de paiement pour le recours cambiaire contre le tireur sans provision, hypothèque visée par l'article L. 131-59 alinéa 3 CMF.

Le porteur avise du défaut de paiement dans les 4 jours du protêt ou le jour de la présentation en cas de dispense. Chaque endosseur informe son propre endosseur. Tous les signataires sont tenus solidairement envers le porteur. Le signataire qui aura payé le porteur aura les mêmes droits à l'encontre des autres.

Les sommes à réclamer comprennent le montant du chèque impayé plus intérêts au taux légal et les frais. Le délai de prescription des recours cambiaires est fixé par l'article L. 131-59 CMF comme indiqué dans le tableau qui suit.

L'action de droit commun et du rapport fondamental survit en cas de disparition du recours cambiaire pour quelque raison que ce soit.

[77]Com., 3 mai 2016, n° 14-23950 ; L'Essentiel droit bancaire, 01/06/2016, 06, p. 1.

CHAPITRE 2
LES AUTRES INSTRUMENTS DE PAIEMENT

Les autres instruments de paiement sont ainsi désignés par l'ordonnance n° 2009-866 du 15 juillet 2009, de transposition de la directive du 13 novembre 2007 sur les services de paiement dans le marché intérieur. Cette ordonnance a, par cette désignation, voulu distinguer du chèque qu'elle exclut de son champ d'application le virement et la carte de paiement, ainsi que tous les autres dispositifs et procédures par lesquels l'utilisateur de services de paiement donne un ordre de paiement. Les dispositions de cette ordonnance sont codifiées dans les articles L. 133-1 et suivants du Code monétaire et financier. Certains de ces articles ont été modifiés par l'ordonnance **n° 2017-1252 du 9 août 2017** portant transposition de la directive 2015/2366 du Parlement européen et du Conseil du 25 novembre 2015 concernant les services de paiement dans le marché intérieur.

Ces autres instruments font concurrence au chèque, car l'ensemble permet le paiement sans manipuler les espèces, mais les premiers présentent plus d'avantages que le chèque. Ce sont en général des moyens dématérialisés par lesquels l'ordre de payer est donné et exécuté par des procédés dématérialisés, se traduisant par des virements d'un compte à un autre.

L'ordonnance du 15 juillet 2009 a soumis ces autres instruments de paiement à des règles communes sans pour autant méconnaître la spécificité de chacun de ces instruments, sans pour autant les nommer individuellement. Pour l'essentiel, les instruments à examiner sont le virement et les procédés dérivés et la carte de paiement.

SECTION 1
Le virement et les procédés dérivés

Le virement est un procédé de transfert des fonds ou des valeurs d'un compte à un autre par un simple jeu d'écritures. Concrètement, le virement est exécuté en débitant le compte du donneur d'ordre pour créditer celui du bénéficiaire. Le traitement des ordres est ainsi dématérialisé.

Cette dématérialisation est l'un des avantages du virement par rapport au chèque. Le virement présente plus de sécurité. La passation et l'exécution d'un ordre sont plus simples, et les coûts de gestion doivent être moins importants.

Le virement connaît du succès grâce aux pouvoirs publics qui imposent parfois ce mode de paiement.

Ainsi, depuis la loi n° 2011-331 du 28 mars 2011 (CMF, art. L. 112-6-1), « les paiements effectués ou reçus par un notaire pour le compte des parties à un acte reçu en la forme authentique et donnant lieu à publicité foncière doivent être assurés par virement ». Depuis le 1er janvier 2015, le seuil de ces paiements par virement est passé de 10 000 euros à 3 000 euros.

Or, les actes auxquels cette obligation s'applique sont nombreux et comprennent, notamment, les ventes immobilières et les actes préparatoires, les attestations de propriété établies lors des successions, les donations de biens immobiliers, les règlements de copropriété, les cahiers des charges établis lors de la création de lotissement, etc. Dès lors que le montant de l'un de ces actes est de 3 000 euros, le paiement doit être effectué par virement. Ce qui oblige dans une certaine mesure le payeur à disposer d'un compte.

Le virement était peu réglementé avant l'ordonnance du 15 juillet 2009. Son régime juridique était essentiellement de la liberté contractuelle des parties. Mais depuis cette ordonnance, le virement fait partie des « autres instruments de paiement » régis par les articles L. 133-1 et suivants du Code monétaire et financier. En réalité, il existe deux formes de virement dont l'un dit « traditionnel »[78] tandis que l'autre fait référence à des procédés dérivés de celui-ci.

§ 1 – Le virement traditionnel

Le paiement par virement comporte deux phases. En effet, il suppose l'ordre donné par le payeur à la banque qu'il charge de son exécution.

Ces identifiants sont indispensables à l'exécution de l'ordre. Leur omission rend l'ordre insusceptible d'exécution.

Le problème de la preuve de l'émission de l'ordre – La meilleure preuve de l'émission est l'écrit et normalement, le relevé de compte que les établissements de crédit et assimilés doivent mettre à la disposition de leurs clients. Le tireur qui garde le silence à la réception de son relevé de compte est présumé avoir accepté les opérations qu'il contient. Mais la jurisprudence considère qu'il s'agit d'une présomption simple dont la preuve contraire peut se faire par tous moyens.

A – Les effets de l'émission de l'ordre de virement

Les effets de l'émission à l'égard du donneur d'ordre – Le problème est de savoir si celui-ci peut révo-

78P. Le Cannu, T. Granier, R. Routier, Droit commercial, Instruments de paiement et de crédit. Titrisation, Dalloz, 9e éd. 2016, n° 11, p. 16.

quer l'ordre qu'il a donné. Depuis l'ordonnance du 15 juillet 2009, c'est l'article L. 133-8 CMF qui permet de répondre à la question, mais dans des conditions assez complexes, qui tiennent compte de la qualité du donneur d'ordre, l'ordonnance ayant envisagé plusieurs modalités de l'émission d'un ordre de paiement en général (par virement ou carte et autres instruments de paiement distinct du chèque).

Ainsi, selon l'article L. 133-8, I, l'ordre de paiement du payeur à son prestataire de services de paiement ne peut être révoqué une fois que celui-ci a été reçu. La date de la réception d'un ordre de paiement détermine donc celle à laquelle la révocation devient impossible. Ce n'est donc plus l'inscription de l'ordre au débit du compte du donneur d'ordre qui empêche la révocation comme la jurisprudence l'avait jugé avant l'ordonnance du 15 juillet 2009. Mais dans le cadre d'un virement permanent dont la date d'exécution est convenue par le donneur d'ordre et sa banque, l'ordre pourra être révoqué jusqu'« à la fin du jour ouvrable précédant le jour convenu pour le débit des fonds » et, donc, la veille du jour convenu pour le débit (CMF, art. L. 133-8, III).

Lorsqu'il est possible, le retrait de l'ordre se fait selon les formes prévues dans la convention de compte.

Les effets de l'émission à l'égard du bénéficiaire – La simple émission d'un ordre de virement n'a aucun effet à l'égard du bénéficiaire. Il n'y a aucune transmission puisqu'il faut que l'ordre soit exécuté pour qu'il reçoive les sommes dues. La créance à régler par le virement subsiste tant que le compte du bénéficiaire n'est pas crédité du montant du virement.

Les effets de l'émission à l'égard du banquier du donneur d'ordre – Il a toujours été considéré comme mandataire du donneur d'ordre pour l'exécution de l'ordre. Mais en réalité, il a ce statut doublé de celui de dépositaire des fonds pour le donneur d'ordre. Ses obligations sont celles du mandataire, mais il faut aussi tenir compte des dispositions de l'ordonnance du 15 juillet 2009 qui imposent notamment un délai d'exécution des ordres de paiement.

Mais surtout, il pèse sur le banquier du donneur d'ordre une lourde obligation de vérification préalable à l'exécution. Il doit notamment s'assurer de l'identité du donneur d'ordre afin de savoir si l'ordre provient réellement du titulaire du compte. La signature du donneur d'ordre doit correspondre au spécimen déposé. La banque qui note une erreur ou des éléments inhabituels de l'ordre de virement (montant, bénéficiaire, etc.) doit en demander confirmation auprès du titulaire du compte.

En effet, le risque est grand que l'ordre soit faux parce qu'il émane d'un faussaire et non du titulaire du compte. Le problème se pose de savoir qui supporte les conséquences de cette fraude.

Inspirée par la jurisprudence relative au faux chèque dès l'origine, la jurisprudence décide, sur le fondement de l'article 1937 du Code civil que « le banquier qui exécute un virement sans en avoir reçu l'ordre engage sa responsabilité de plein droit et doit en rembourser le montant à son client (… et que) l'exécution de faux ordres de virement constitue un paiement non valable au sens de l'article précité, la banque doit supporter le dommage subi par son client en vertu de son obligation de restituer les fonds en tant que dépositaire »[79].

Le banquier sera alors tenu même s'il n'a commis aucune faute car ce qui est en cause, c'est l'exécution de l'obligation de restitution visée par l'article 1937. En revanche, la jurisprudence retient la faute du titulaire du

[79] Paris, 18 déc. 2014, n° 12/19837, L'Essentiel droit bancaire, 05/02/2015, n° 02, p. 4 ; cet arrêt confirme un jugement du Trib. com. Paris, 6e ch., 30 oct. 2014, n° 2013075398.

compte ou de son préposé et de la banque pour admettre le partage de la responsabilité. Mais dans le cadre de l'ordonnance du 15 juillet 2009, l'article L. 133-16 CMF exige que le banquier mette à la disposition de ses clients un service personnalisé dont il s'assure de l'inaccessibilité à d'autres personnes.

En définitive, il convient de retenir que le risque du faux virement est à la charge du banquier.

B – L'exécution de l'ordre de virement

L'exécution d'un ordre de virement est apparemment simple puisqu'il s'agit de débiter le compte du donneur d'ordre pour créditer celui du bénéficiaire. Mais cette simplicité n'existe que dans le cas où les comptes en présence sont dans la même banque. En revanche, l'intervention de plusieurs banques dans l'exécution d'un ordre de virement soulève des questions concernant leur situation juridique. En tout état de cause, même simplifiée, il peut y avoir des incidents dans l'exécution d'un ordre de virement.

1. La situation juridique des banques intervenant dans l'exécution d'un ordre de virement

Cette difficulté se présente lorsque les comptes à débiter et à créditer sont ouverts dans deux banques distinctes. L'exécution nécessite alors l'intervention des deux banques dont il faut s'interroger sur le rôle et les responsabilités.

Les solutions jurisprudentielles antérieures à l'ordonnance du 15 juillet 2009 étaient fondées sur le mandat et surtout sur l'article 1994 du Code civil relatif au sous-mandat, la banque du bénéficiaire étant traité comme un sous-mandataire et celle du donneur d'ordre, le mandataire principal.

Mais l'ordonnance ne semble pas s'embarrasser de ces qualifications et donne des solutions pragmatiques. Ainsi, selon l'article L. 133-22 CMF issu de cette ordonnance, chaque prestataire de services de paiement est responsable de la bonne exécution de l'ordre à l'égard de son propre client. Ce texte énonce en effet que, à l'égard du donneur d'ordre, son prestataire de services de paiement du donneur d'ordre est responsable de la bonne exécution de l'ordre, tandis que celui du bénéficiaire est responsable de cette exécution à l'égard de ce bénéficiaire.

Si le donneur d'ordre passe par l'intermédiaire du bénéficiaire, le prestataire de ce dernier sera responsable de la transmission de l'ordre au prestataire du donneur d'ordre puisque c'est lui, ce prestataire, qui doit en définitive exécuter l'ordre en débitant le compte de son client.

Indépendamment du nombre et de la qualité des banques intervenant dans l'exécution, celle dont la responsabilité sera retenue devra indemniser l'intégralité des préjudices subis par l'intervenant victime.

2. La réalisation de l'opération de virement

La réalisation de l'opération de virement se traduit par une écriture au débit du compte du donneur d'ordre, une inscription qui rend l'ordre irrévocable par son auteur. La raison en est qu'à ce moment, les fonds sortent du patrimoine du titulaire du compte pour entrer dans celui du bénéficiaire. Tout événement du chef du donneur d'ordre après le débit de son compte n'a aucune incidence sur l'opération.

Mais l'opération de virement n'est pas pour autant achevée tant que l'inscription au compte du bénéficiaire n'est pas intervenue. À ce moment, le donneur d'ordre, débiteur du bénéficiaire, a exécuté son obligation de régler sa dette.

3. Les incidents de l'exécution de l'ordre de virement

Les incidents lors de l'exécution de l'ordre de virement proviennent tantôt du donneur d'ordre, tantôt de la banque chargée de l'exécution.

Les incidents, côté donneur d'ordre – Certains de ces incidents sont relatifs à l'émission de l'ordre. En effet, l'ordre peut contenir des erreurs ou des incohérences ou anomalies. Ces incidents appellent de la part de la banque une certaine prudence en se référant au donneur d'ordre avant toute exécution. Il s'agit de suspendre ou refuser l'exécution selon les cas, et de lui notifier l'incident afin qu'il puisse apporter des éclaircissements ou corriger les erreurs. En ce dernier cas, l'ordonnance du 15 juillet 2009 prévoit que le banquier indique si possible la procédure à suivre pour corriger l'erreur. Mais si l'ordre erroné est exécuté, le donneur d'ordre peut, par l'action en répétition de l'indu, réclamer les sommes indûment virées au bénéficiaire.

D'autres incidents sont relatifs au fonctionnement du compte du donneur d'ordre. La provision peut être insuffisante ou inexistante, comme elle peut être indisponible. Deux solutions s'offrent au banquier qui peut soit exécuter l'ordre à crédit en exécution des clauses de la convention de compte, soit refuser l'exécution et informer le donneur d'ordre.

Les incidents, côté banquier chargé de l'exécution de l'ordre – Le risque d'incident de la part du banquier exécutant est beaucoup plus important eu égard à la diversité des faits d'incidents : **paiement erroné ou non autorisé, retard dans l'exécution, refus d'exécuter**.

L'exécution de l'ordre de virement par erreur – L'exécution engage la responsabilité de l'exécutant dans les conditions de l'article L. 133-2 CMF. Si plusieurs exécutants interviennent, chacun est, selon cet article, tenu selon ce texte, de la bonne exécution et engage sa responsabilité à l'égard de son client. Ainsi, la banque du donneur d'ordre envers celui-ci, celle du bénéficiaire envers ce dernier. Il n'est pas exclu que le donneur d'ordre poursuive la banque du bénéficiaire en responsabilité délictuelle. Mais en cas d'erreur d'exécution (montant ou bénéficiaire), le prestataire du payeur doit restituer sans tarder le montant au payeur et, au besoin, en rétablissant son compte dans la situation initiale. Quant au prestataire du bénéficiaire, il doit mettre immédiatement le montant du virement à sa disposition et, si besoin, créditer le compte de celui-ci.

L'exécution d'un ordre de virement non autorisé – L'ordonnance du 15 juillet 2009 prévoit que l'utilisateur signale, sans tarder, à son prestataire une opération non autorisée et au plus tard dans les treize mois suivant la date de débit sous peine de forclusion. Ce délai est écarté si le prestataire n'a pas fourni ou mis à disposition de l'utilisateur les informations relatives à cette opération (CMF, art. L. 133-24). Le délai ne peut donc courir qu'à partir du moment où le payeur a connu ou a pu connaître le débit de son compte, notamment par la réception de son relevé bancaire. Un délai contractuel réduit peut être prévu si l'utilisateur est un professionnel. En tout état de cause, l'utilisateur a intérêt à signaler rapidement le paiement non autorisé car même s'il n'est pas forclos avant l'expiration du délai de treize mois, son retard pourrait lui être fautif.

La charge de la preuve en matière de virement non autorisé est inversée par l'article L. 133-23 CMF en ce sens que si l'utilisateur nie avoir autorisé le virement, c'est le prestataire qui devra prouver que l'opération a été authentifiée, dûment enregistrée et comptabilisée et qu'elle n'a pas été affectée par une déficience technique ou autre.

À défaut d'autorisation du virement, le prestataire de services de paiement doit rembourser le montant, le cas échéant, en rétablissant le compte débité dans son état initial. Le contrat peut prévoir une indemnité complémentaire. Le remboursement doit avoir lieu immédiatement après le signalement.

Le retard dans l'exécution d'un ordre de virement – Avec l'ordonnance du 15 juillet 2009, les opérations en euros sont inscrites au crédit du compte du prestataire de services du bénéficiaire au plus tard à la fin du premier jour ouvrable suivant le moment de réception de l'ordre de paiement par le prestataire du payeur. Ce délai peut être augmenté d'un jour franc si l'ordre de paiement a été donné sur support papier. Il peut être convenu d'un délai différent, dans la limite de trois jours ouvrables ou quatre si l'ordre est donné sur support papier, faculté qui était ouverte jusqu'au 1er janvier 2012.

Le refus d'inscrire les fonds virés sur le compte du bénéficiaire – La question se pose de savoir si une banque peut refuser d'inscrire le montant du virement sur le compte du bénéficiaire étant une forme de refus d'exécuter l'ordre de virement. Il convient de distinguer deux cas de refus.

D'une part, dans le cadre de la lutte contre le blanchiment des capitaux, le financement des activités terroristes et les loteries, jeux et paris prohibés (CMF, art. L. 561-1 et suiv.), la banque peut hésiter à créditer le compte du bénéficiaire. Mais son refus ne peut être justifié que dans les conditions visées par ces textes, faute de quoi la banque pourra engager sa responsabilité à l'égard des victimes de son refus dont le bénéficiaire de l'ordre de virement.

D'autre part, le donneur d'ordre peut avoir saisi la banque de son opposition à l'inscription du montant du virement sur le compte du bénéficiaire auquel il prétendrait ne rien devoir. Le donneur d'ordre n'a probablement pas pu révoquer le virement devenu irrévocable à la réception par le banquier. Le refus de créditer le compte du bénéficiaire est-il justifié et sans risque pour le banquier ?

La Chambre commerciale de la Cour de cassation[80] apporte une réponse à ces questions en affirmant « qu'il appartenait à la BICS, dûment avertie du caractère indu du virement qu'elle était susceptible de recevoir, de prendre toute disposition utile pour que, dans l'hypothèse où ils lui seraient effectivement transférés, les fonds litigieux ne soient pas inscrits au crédit du compte de sa cliente ». Il ressort de cet arrêt que le donneur d'ordre peut informer la banque du caractère indu des sommes à virer et que celle-ci devrait refuser d'effectuer ce virement. Ceci ne remet pas en cause l'irrévocabilité de l'ordre de virement puisque l'arrêt fait référence au virement que la banque était « susceptible de recevoir », ce qui montre que la demande du payeur était bien antérieure à la réception de l'ordre par la banque du payeur.

§ 2 – Les procédés dérivés du virement traditionnel

Plusieurs mécanismes sont inspirés par le virement traditionnel : le titre universel de paiement (TUP) et l'avis de prélèvement.

A – Le titre universel de paiement (TUP)

Le TUP est un ordre de virement donné par le titulaire d'un compte bancaire, mais à la demande et sur formulaire qui lui est adressé par son créancier. Ce formulaire normalisé permet une lecture optique, et le traitement se trouve facilité.

Le formulaire, adressé par le créancier au débiteur avec la facture à régler, contient comme mentions l'identification du créancier et du débiteur, la somme à

[80] Com., 8 mars 2005, n° 02-15539 ; Droit et Patrimoine, déc. 2005, p. 102.

payer, les coordonnées du créancier. Le débiteur qui reçoit ce formulaire doit le compléter par la date et la signature et en y joignant son relevé d'identité bancaire (RIB) avant de le renvoyer au centre de traitement des TUP dont l'adresse lui est communiquée.

Avec le système de paiement Single Euro Payments Area (SEPA, espace unique de paiements en euro), le TUP a été remplacé par le titre interbancaire de paiement (TIP SEPA).

B – L'avis de prélèvement

L'avis de prélèvement est une autorisation permanente de paiement qu'un débiteur donne à son créancier, le plus souvent pour payer périodiquement la même somme à ce dernier. L'avis de prélèvement est encore appelé « prélèvement automatique » car le débiteur donne l'ordre à sa banque de régler à une date précise le créancier qui va émettre un avis de prélèvement à cet effet. Ce mécanisme est très répandu et les exemples sont nombreux, notamment pour ce moyen les factures d'électricité et de gaz, les impôts, accès à Internet, remboursement des emprunts, etc.

Le mécanisme du prélèvement est quelque peu complexe car il requiert trois autorisations. D'une part, celle de la banque du créancier qui l'autorise à utiliser ce procédé pour se faire payer par ses débiteurs ; le débiteur donne ensuite à son créancier, qui l'accepte, une autorisation sous la forme d'une « demande de prélèvement ». Enfin, l'autorisation donnée par le débiteur à sa banque qui va débiter son compte, à une date fixe, le montant des factures qui seront présentées par le créancier. Ainsi, à chaque échéance, le créancier va envoyer à son débiteur un avis l'informant du montant et de la date du prélèvement qui sera effectué sur le compte. Après cette information, le créancier va envoyer à la banque du débiteur un avis de prélèvement au vu duquel le compte débiteur sera débité de la somme portée dans l'avis.

L'autorisation de prélèvement est un acte volontaire de la part de l'émetteur et doit être donnée en toute liberté. Certains textes interdisent d'imposer le prélèvement automatique à certains débiteurs (cas du bail d'habitation régi par la loi du 6 juillet 1989 qui interdit au bailleur d'imposer au locataire ce mode de paiement des loyers). Mais s'il s'agit de consommateurs, les règles de protection relatives aux délais de réflexion et de rétractation doivent être observées.

Le prélèvement non autorisé – L'article L. 133-25 CMF traite du remboursement d'une opération de paiement ordonnée par le bénéficiaire ou par le payeur par l'intermédiaire dudit bénéficiaire. Le prélèvement automatique relève de ce champ légal. Le payeur a droit au remboursement dans les conditions visées par ce texte. En effet, si l'autorisation n'indique pas le montant exact de l'opération et que celui qui a été exécuté dépasse le montant auquel le payeur pouvait raisonnablement s'attendre compte tenu du profil de ses dépenses passées, des conditions prévues par son contrat cadre et des circonstances spécifiques de l'opération litigieuse, le payeur aura droit au remboursement. La demande de remboursement doit être présentée dans les huit semaines à compter de la date à laquelle le compte a été débité. Dans les dix jours ouvrables suivant la réception de la demande de remboursement, la banque doit soit rembourser, soit justifier son refus en indiquant au payeur la possibilité de recourir à la médiation bancaire. Le montant total de l'opération exécutée doit être remboursé. La convention de compte peut prévoir que le payeur, ayant consenti à l'exécution de l'opération de paiement, n'aura droit à aucun remboursement, ou que le remboursement sera effectué même si les conditions légales ne sont pas réunies.

SECTION 2
Le paiement par carte

La carte de paiement est l'un des instruments de paiement qui se développe au détriment du chèque, en raison d'une relative sécurité qu'elle offre et de son adaptation au développement du commerce électronique et de la diversité des formes et des usages qu'elle permet. Pourtant, cette diversité est source de complication de l'analyse de cet autre instrument de paiement.

§ 1 – La complexité de la notion de carte de paiement

La première difficulté est celle de la clarification de cet instrument communément désigné par l'expression « carte bancaire » ou « carte de crédit ». Afin de protéger le consommateur en matière de crédit, le législateur a dû intervenir à plusieurs reprises entre 2001 et 2010 pour exiger des banques plus de clarté dans la dénomination des cartes par la mention « carte de crédit » pour les cartes servant à cette fin. Il faut en effet distinguer, selon les opérations auxquelles elles donnent accès, les cartes de paiement, les cartes de crédit, les cartes de retrait.

A – Les cartes de paiement

Avant l'ordonnance du 15 juillet 2009, la carte de paiement était définie (CMF, ancien art. l 132-1) comme une carte émise par un établissement de crédit ou une institution ou service assimilé (Banque de France, la poste, le Trésor public), et permettant le retrait ou le transfert de fonds. Or, l'ordonnance du 15 juillet 2009 ne définit aucune carte. Elle crée un régime commun à tous les instruments de paiement autre que le chèque, et elle traite globalement l'opération de paiement et en visant aussi globalement « les instruments de paiement dotés d'un dispositif de sécurité personnalisé », ce qui est le cas des cartes bancaires dont les cartes de paiement.

Ces cartes sont, comme les cartes de crédit, émises par les établissements de crédit ou les établissements de paiement. Elles permettent de donner des ordres de paiement exécutés sur le compte de paiement ouvert dans un établissement de crédit ou de paiement. Par compte de paiement, l'ordonnance vise le compte de dépôt, le compte courant ou le compte dédié exclusivement aux opérations de paiement. Les comptes sur livret en sont exclus.

Les cartes accréditives sont émises par des sociétés agréées comme établissement de crédit. Les porteurs peuvent les utiliser pour acquérir des biens et services auprès des commerçants et prestataires de services sélectionnés par l'émetteur qui les paie, et se font rembourser par prélèvement sur le compte du porteur ou par chèque émis par ce dernier, tel est le cas de la carte « American Express ». Mais, bien que ces cartes accréditives soient principalement des instruments de paiement,

L'émetteur et le titulaire peuvent convenir d'un volume de crédit.

Les cartes privatives sont, quant à elles, émises par des commerçants et entreprises autres que les établissements de crédit ou de paiement pour fidéliser leur clientèle en leur permettant d'acquérir des biens et services chez eux ou dans les réseaux, ou éventuellement d'effectuer des retraits d'espèces dans les distributeurs de ces réseaux.

Les cartes de paiement immédiat ou différé – Les premières permettent au titulaire de faire des achats et services auprès des commerçants disposant d'un terminal de paiement électronique (TPE) qui est en communication permanente avec la banque du titulaire dont le compte est débité immédiatement ou au plus tard le lendemain de l'opération. En revanche, le paiement différé est effectué à la date arrêtée par l'émetteur et le porteur lors de la délivrance de la carte. Le crédit gratuit qu'il accorde ainsi ne modifie pas la nature de la carte qui n'est donc pas soumise au régime du crédit à la consommation (CMF, art. L. 312-4).

B – Les cartes de crédit

La carte de crédit est celle par laquelle l'émetteur, en exécution d'une convention spécifique, met à la disposition du porteur, une somme d'argent que celui-ci utilise à sa convenance et rembourse à remboursement échelonné, pour l'achat des biens et services ou pour retirer des espèces, dans la limite du plafond convenu. Ces cartes sont émises par des commerçants ou des organismes de crédit à la consommation ainsi que certaines grandes surfaces et entreprises de vente par correspondance (VPC) pour fidéliser leur clientèle. Certaines cartes de paiement émises par les établissements de crédit jouent les deux rôles de paiement et de crédit renouvelable.

Le régime du crédit à la consommation est alors applicable : l'offre de prêt conforme au modèle règlementaire, la mention « carte de crédit » sur la carte.

C – Les cartes de retrait

Elles servent uniquement à effectuer des retraits des espèces dans les distributeurs et les guichets automatiques et auprès des guichets des banques émettrices.

§ 2 – Les contrats relatifs au fonctionnement de la carte

Le système de cartes repose sur deux contrats : celui qui lie le commerçant ou prestataire de services à l'établissement émetteur de la carte, encore appelé contrat d'acceptation, et le contrat entre l'émetteur et le titulaire de la carte, encore appelé contrat porteur.

A – Le « contrat d'acceptation »

Pour se faire payer par carte bancaire, les commerçants et prestataires de services qui le désirent doivent adhérer au système national de paiement Carte bancaire, par contrat avec leur propre banque qui agit alors en qualité de représentant des membres du groupement d'intérêt économique (GIE) Cartes bancaires. Ce groupement rassemble d'une part, des établissements de paiement et de crédit autorisés à fournir des services de paiement et/ou à émettre et gérer de la monnaie électronique, et d'autre part, des émetteurs de Titres Restaurant Dématérialisés. Ce groupement dénommé GIE CB assure la gouvernance, la sécurité, la promotion du système CB, le développement de produits et services, etc.

Les parties à ce contrat sont donc : l'adhérent appelé accepteur, personne physique ou personne morale, quelles qu'elles soient et quelle que soit la nature de leur activité (commerciale, civile), prêtes à accepter le paiement par le système Carte bancaire.

L'autre partie au contrat est l'émetteur de la carte qui a le droit de refuser certains candidats à l'adhésion, le contrat d'acceptation étant *intuitu personae*.

Ce contrat, dont la durée est déterminée ou indéterminée, n'organise que les rapports de l'émetteur avec l'adhérent ou acceptant, notamment en prévoyant les obligations de chacune des parties.

1. Les obligations de l'acceptant

L'acceptant s'oblige à informer le public de sa qualité d'adhérent au réseau et recevoir en paiement toutes les cartes agréées par le système Carte bancaire et utilisées normalement. Il doit cependant refuser le paiement par carte ayant fait l'objet d'opposition ou de refus d'autorisation, ou pour tout autre motif légitime, par exemple, le paiement inférieur à un certain montant, souvent 15 euros. Avant tout paiement, il doit procéder à la vérification de l'identité du titulaire, la date de validité de la carte, de l'absence d'opposition, et à la conformité de la signature ou du code. L'acceptant s'oblige à ne faire usage que du matériel requis ou mis à sa disposition par l'émetteur pour recevoir les paiements. En cas de dépassement de la garantie de base, il doit solliciter l'autorisation du centre d'autorisation.

Les facturettes correspondant aux achats doivent être établies et, en principe, signées par le porteur de la carte ; mais ces signatures sont rares en France, car remplacées par le code confidentiel. La signature reste en vigueur à l'étranger, dans les pays qui ignorent la carte à puce. Elle peut être source de difficulté, notamment en cas de contestation de la signature par le titulaire de la carte. En ce cas, la Cour de cassation[81] exige des juges du fond qu'ils vérifient l'écriture au vu des éléments dont il dispose, s'il y a lieu, à moins de pouvoir statuer sans en tenir compte.

Les frais et commissions sur le montant des achats sont dus à l'émetteur. Enfin, il est aussi tenu des obligations liées aux opérations effectuées à distance.

2. Les obligations de l'émetteur

Les obligations visent d'abord le fonctionnement du système. En effet, l'émetteur s'engage souvent à mettre à la disposition de l'adhérent le matériel approprié pour recevoir les paiements par carte. À défaut de fournir ce matériel, l'émetteur définit les caractéristiques de l'appareil dont l'acceptant doit se servir. Il communique au fournisseur les informations relatives aux cartes émises dans le réseau et homologuées pour être acceptées comme moyen de paiement. L'émetteur doit en préciser les conditions d'utilisation, ainsi que les règles d'évolution du système

---

[81] Com., 1er mars 2016, n° 13-14280 ; L'Essentiel droit bancaire, 01/05/2016, n° 5, p. 6.

dont notamment les nouvelles règles de sécurité. Périodiquement, l'émetteur transmet à l'acceptant les informations relatives au contrôle, notamment la liste des cartes ayant fait l'objet d'opposition et mettre à sa disposition le centre d'autorisation compétent pour les achats atteignant un certain plafond.

Les obligations relatives au règlement de l'acceptant L'émetteur s'engage à payer dans les délais convenus les factures émises par le fournisseur. Il peut garantir, jusqu'à un certain plafond, le paiement pour le cas où le compte du titulaire de la carte ne serait pas approvisionné. Au-delà de ce plafond, la garantie pourra être due, mais sur autorisation que l'acceptant devra solliciter auprès du centre des autorisations. En l'absence de garantie, la banque pourra payer mais à titre d'avance pour le compte du titulaire de la carte dont le contrat porteur aurait prévu une ouverture de crédit irrévocable.

B – Le contrat entre l'émetteur et le titulaire de la carte (contrat porteur)

1. Les obligations de l'émetteur à l'égard du titulaire de la carte

L'émetteur et la délivrance de la carte – L'émetteur dispose d'un certain pouvoir discrétionnaire pour la délivrance de la carte, car le contrat étant *intuitu personae*. Il peut donc refuser de délivrer ou de renouveler la carte, sans motif. Mais le refus discriminatoire est une infraction pénale. Par ailleurs, certaines clauses conférant des pouvoirs discrétionnaires pour la délivrance ou le renouvellement de la carte soulèvent des questions concernant leur caractère abusif que la jurisprudence apprécie au regard des règles du droit de la consommation.

Avant de délivrer la carte, **il doit procéder à des vérifications** concernant la capacité juridique du titulaire à pouvoir disposer des fonds sur son compte et son aptitude à obtenir une carte (s'il ne figure pas au fichier central de la Banque de France). Ainsi, le majeur en curatelle doit être assisté de son curateur pour la délivrance de la carte par l'émetteur. La banque qui remet la carte d'un majeur sous tutelle à son tuteur ne commet aucune faute[82].

L'émetteur commet une faute en remettant la carte à un incapable au mépris des règles de protection des majeurs incapables, et engage sa responsabilité civile[83].

Depuis l'ordonnance du 15 juillet 2009, **le prestataire de services de paiement supporte la charge du risque de la délivrance d'un instrument de paiement autre que le chèque**. En effet, l'article L. 133-15, I, CMF énonce que le prestataire de services de paiement supporte le risque lié à l'envoi au payeur d'un instrument de paiement et des dispositifs de sécurité.

2. Les obligations du titulaire de la carte

Les obligations relatives à l'utilisation et à la sécurité de la carte – En effet, il doit personnellement utiliser la carte après y avoir apposé sa signature dès la réception. Il a l'obligation de surveiller la carte afin d'éviter le vol ou la perte, et de veiller à la conservation du code confidentiel qui fait partie des dispositifs de sécurité personnalisés visés par l'article L. 133-16 CMF exigeant du payeur qu'il prenne

« Toute mesure raisonnable pour préserver la sécurité de ses dispositifs de sécurité personnalisés ».

Le titulaire de la carte n'a pas à utiliser une carte périmée ; aussi, doit-il vérifier la date avant d'émettre l'ordre de paiement par ce moyen. Mais en principe, les appareils détectent l'irrégularité et la signalent, et certains

---

[82] Chambéry, 17 mai 2016, n° 14/02371.

[83] Riom, 14 oct. 2015, n° 14/01326, L'Essentiel droit bancaire, 01/01/2016, n° 01, p. 7, à propos de la délivrance d'une carte de crédit à un majeur en curatelle, au mépris des règles de la curatelle, la carte lui ayant permis de réaliser seul, des opérations sur des comptes dont il n'avait pas la libre disposition.

comme les DAB et les GAB retiennent la carte. Enfin, l'utilisation d'une carte périmée peut constituer un délit au plan pénal : abus de confiance pour utilisation d'une carte périmée et non restituée volontairement, escroquerie pour utilisation par des manœuvres frauduleuses.

En cas de perte ou de vol, détournement ou de toute utilisation non autorisée de sa carte ou des données, il doit en informer l'émetteur aux fins de blocage (CMF, art. L. 133-17). Les banques mettent à la disposition de leurs clients des informations pour faire opposition, même en dehors des jours de travail.

La violation de ces obligations contractuelles peut justifier la résiliation du contrat, l'obligation de restituer la carte et la responsabilité du titulaire. Encore faudrait-il que l'émetteur parvienne à prouver la faute de son cocontractant.

L'obligation de payer la cotisation annuelle – Le titulaire de la carte supporte une cotisation annuelle en contrepartie des services assurés par l'émetteur. Le montant des cotisations varie en fonction des services offerts par la carte.

Par ailleurs, il rembourse les sommes payées par l'émetteur et les fonds retirés dans un distributeur ou un guichet automatique.

§ 3 – La réalisation de l'opération de paiement par carte

Deux points méritent d'être examinés : l'ordre de paiement nécessaire et les incidents de paiement.

A – L'ordre de paiement donné par carte

Donner l'ordre de paiement par carte est, comme toute autre modalité de l'ordre de paiement, un acte volontaire du titulaire de la carte qui décide d'émettre l'ordre. Il en est ainsi dès lors qu'aucun texte n'impose ce mode de paiement.

Le caractère discrétionnaire s'applique à la décision de payer et à la forme dans laquelle l'ordre est émis, sauf à respecter les limites contractuelles. La preuve de la volonté résulte de la signature du titulaire sur la carte ou de la saisie de son code confidentiel qui vaut signature.

La procédure est plus complexe pour le paiement à distance, par Internet ou par téléphone. Cette voie est risquée en ce sens que le numéro de la carte peut être copié ou intercepté en vue de procéder à des paiements frauduleux. La carte doit comporter la signature et être en cours de validité, sans faire l'objet d'opposition.

Que ce soit à distance ou sur présentation physique de la carte, l'ordre de paiement est irrévocable et échappe donc à tout événement survenu du chef du titulaire de la carte après l'émission de son ordre. Sont aussi inopposables les exceptions fondées sur le rapport fondamental entre le titulaire de la carte et son fournisseur.

B – Les incidents dans le mécanisme de paiement par carte

1. Les incidents techniques

L'un des incidents techniques déjà rencontrés dans la pratique concerne le dysfonctionnement d'un DAB ou d'un GAB lors de l'utilisation de la carte bancaire. Des exemples de dysfonctionnements techniques tirés de la jurisprudence : le porteur ou un fraudeur parvient à faire plusieurs retraits le même jour dans des DAB ou GAB, pour un montant supérieur au plafond quotidien ; une carte bancaire de paiement international ne permettant pourtant pas le retrait des devises à l'étranger ; l'erreur d'un distributeur de billets ayant permis au porteur de retirer une somme différente de celle mentionnée sur le ticket de débit.

Ces incidents techniques sont de nature à engager la responsabilité de la banque, si, du moins, le titulaire de la carte parvient à prouver le dysfonctionnement.

2. L'opposition au paiement

L'article L. 133-17 CMF n'envisage expressément l'opposition au paiement par carte que pour empêcher le paiement en cas de procédure de redressement ou de liquidation judiciaire du bénéficiaire. En revanche, le premier alinéa de cet article vise la perte, le vol, le détournement ou l'utilisation non autorisée, cas dans lesquels le titulaire de la carte a l'obligation d'informer l'émetteur « aux fins de blocage ». Cet alinéa ne dit rien de l'opposition par le titulaire de la carte. Mais la doctrine considère que ce texte permet l'opposition dans tous les cas qui y sont visés : vol, perte, détournement ou utilisation non autorisée, et que ces cas sont limitatifs et aucun autre motif n'est donc valable.

L'article L. 133-17 se montre souple quant au délai d'opposition qui devrait être faite « sans tarder » ou encore comme l'avait précisé la jurisprudence antérieure à 2009, « effectuée dans les meilleurs délais compte tenu des habitudes d'utilisation de la titulaire »[84]. Mais le contrat porteur peut mentionner le délai dans lequel le titulaire devra faire opposition. **Les effets de l'opposition** – La date de l'opposition est importante car elle permet de préciser qui, du titulaire ou de l'émetteur, doit supporter la charge des retraits ou paiements frauduleux, sur le fondement des articles L. 133-19 et L. 133-20 CMF, le premier ayant été modifié par l'ordonnance **n° 2017-1252 du 9 août 2017 portant transposition de la directive 2015/2366 du Parlement européen et du Conseil du 25 novembre 2015 concernant les services de paiement dans le marché intérieur**. Cette modification entre en vigueur à compter du 13 janvier 2018. Il ressort de ces

84 Com., 19 déc. 2006, n° 05-16391.

textes que certains paiements frauduleux seront à la charge de la banque tandis que le titulaire de la carte supportera d'autres.

Les cas prévus par l'article L. 133-19, II et III et V, modifiés par l'ordonnance du 9 août 2017 : le titulaire ne supporte rien du tout et c'est donc la banque ou l'assurance souscrite par le titulaire de la carte, qui doit lui restituer sur son compte l'intégralité des sommes soustraites :

L'opération de paiement non autorisée a été effectuée en détournant, à l'insu du payeur, l'instrument de paiement ou les données qui lui sont liées. Tel est le cas des paiements frauduleux à distance.

En cas de contrefaçon de l'instrument de paiement si, au moment de l'opération de paiement non autorisée, le payeur était en possession de son instrument.

Sauf agissement frauduleux de sa part, le payeur ne supporte aucune conséquence financière si le prestataire de services de paiement ne fournit pas de moyens appropriés permettant l'information aux fins de blocage de l'instrument de paiement prévue à l'article L. 133-17.

Art. L. 133-19, V. : Sauf agissement frauduleux de sa part, le payeur ne supporte aucune conséquence financière si l'opération de paiement non autorisée a été effectuée sans que le prestataire de services de paiement du payeur n'exige une authentification forte du payeur prévue à l'article L. 133-44.

Les cas de vol ou de perte, article L. 133-19, I :

Les retraits et paiements postérieurs à l'information transmise par le titulaire de la carte sont totalement à la charge de la banque qui aurait dû effectuer le blocage.

Les retraits et paiements antérieurs à la transmission de cette information sont répartis entre la banque et le titulaire de la carte. Celui-ci supporte jusqu'à 150 euros, le surplus étant à la charge de la banque. Exemple, si le voleur a retiré 600 euros, la banque supporte 600 – 150 = 450 euros. Elle doit donc restituer ces 450 euros sur le compte du titulaire de la carte. Il est important de **souligner qu'**à partir du 13 janvier 2018, la franchise de 150 euros est réduite à 50 euros, en **application de l'ordonnance précitée du 9 août 2017**. Les banques auront donc à restituer au titulaire de la carte une somme plus importante. Dans l'exemple précité, elles devront restituer au titulaire de la carte : 600 – 50, soit la somme de 550 euros.

Mais le plafond de 150 euros disparaît et, donc, la banque supporte l'intégralité des sommes frauduleusement obtenues par le voleur ou l'inventeur qui n'aurait pas fait usage « du dispositif de sécurité », c'est-à-dire du code confidentiel.

La franchise ne s'applique qu'en cas d'utilisation de la carte avec les données de sécurité personnalisées (code secret pour un achat physique, code SMS pour un achat à distance, empreinte digitale).

La franchise ne s'applique pas non plus dans les cas consacrés par l'ordonnance du 9 août 2017 :

Cas de perte ou de vol d'un instrument de paiement ne pouvant être détecté par le payeur avant le paiement ;

– Cas de perte due à des actes ou à une carence d'un salarié, d'un agent ou d'une succursale d'un prestataire de services de paiement ou d'une entité vers laquelle ses activités ont été externalisées.

Les conséquences financières d'une opération de paiement non autorisée effectuée sans que l'émetteur de la carte n'exige une authentification forte du titulaire de la carte.

Le cas prévu par l'article L. 133-19, IV et VI : responsabilité exclusive du titulaire de la carte : la banque n'a donc rien à supporter. Ce texte énonce que :

Le payeur supporte toutes les pertes occasionnées par des opérations de paiement non autorisées si ces pertes résultent d'un agissement frauduleux de sa part ou s'il n'a pas satisfait intentionnellement ou par négligence grave aux obligations mentionnées aux articles L. 133-16 et L. 133-17.

Il en sera de même si le titulaire de la carte n'accepte pas une authentification forte. Il devra rembourser à la banque le préjudice financier dont elle sera victime.

La Cour de cassation a eu à statuer sur la négligence grave du titulaire de la carte, mettant à la charge l'intégralité des pertes occasionnées par une opération non autorisée.

Ainsi, dans l'arrêt 31 mai 2016, n° 14-29906 ; D. 2016, p. 2305 :

En l'espèce, la titulaire de la carte contestait l'opération de plus de 3 000 euros effectuée sur son compte et qu'elle disait découvrir seulement à la réception de son relevé bancaire. Elle demandait alors la restitution de l'intégralité de cette somme à la banque qui lui opposait sa négligence grave. Approuvant la Cour d'appel qui avait rejeté la demande de la titulaire de la carte en lui reprochant sa négligence grave, voici ce que dit la Chambre commerciale de la Cour de cassation :

« Mais attendu que, par motifs propres et adoptés, l'arrêt retient que les opérations litigieuses ont toutes été effectuées, sur une brève période de quinze jours et à de multiples reprises, au moyen de la carte, que le code confidentiel a été composé à chaque fois et qu'à la suite du dépôt de plainte, aucune infraction pénale n'a été mise en évidence, Mme X... ne précisant d'ailleurs pas, à propos des opérations de retrait d'espèces à des distributeurs automatiques de billets équipés de caméras de surveillance, si une exploitation des données filmées avait eu lieu ; qu'il ajoute qu'aucune "anomalie du fonctionnement bancaire" n'a été établie ; qu'en déduisant de ces constatations et appréciations souveraines que Mme X... avait commis une négligence grave au sens de l'article L. 133-19, IV du Code monétaire et financier, la Cour d'appel a légalement justifié sa décision ; ».

Com., 17 mai 2017, n° 15-28209 :

La négligence grave de la titulaire de la carte a été retenue, car elle avait laissé sans surveillance, durant plusieurs jours, sa carte bancaire et son code confidentiel dans un local exposé à un important passage et insuffisamment sécurisé. Par ailleurs en dépit des informations qui lui avaient été données sur les modalités à suivre en cas de vol, avec communication d'un numéro téléphonique accessible 24 heures sur 24 pour faire opposition, elle avait attendu le lendemain de la découverte du larcin pour se rendre à son agence bancaire et faire bloquer les paiements, contribuant, là encore, par sa négligence, à la réalisation de son propre dommage.

Mais la Chambre commerciale a cassé l'arrêt de la Cour d'appel parce qu'elle avait jugé inutile l'examen d'une quelconque faute de la banque.

En somme, il peut y avoir partage de responsabilité entre la titulaire de la carte ayant commis une négligence grave et la banque.

Cas particulier de l'arrêt du 25 octobre 2017, n° 16-11644 :

La titulaire de la carte avait reçu, sur son téléphone portable, deux messages lui communiquant un code à six chiffres dit code « 3D Secure » pour valider deux paiements par Internet, mais elle n'avait pas réalisé ces paiements, s'étant rendu compte qu'elle n'avait pas à recevoir ces codes alors qu'elle n'avait effectué aucun achat par Internet. Elle a fait opposition à sa carte le même jour et lui a demandé le remboursement du prélèvement effectué sur son compte et la réparation de son préjudice.

Or, la banque a invoqué, quant à elle, la négligence grave de sa cliente qui reconnaissait avoir répondu à un courriel prétendument émaner de son opérateur téléphonique, en communiquant à son correspondant par courriel des informations relatives à son compte chez cet opérateur. Ces informations ont donc permis au correspondant de mettre en place un renvoi téléphonique des messages reçus de la banque, ainsi que ses nom, numéro de carte de paiement, date d'expiration et cryptogramme. Selon la banque, la cliente avait ainsi commis une faute dans la conservation des dispositifs de sécurité personnalisés mis à sa disposition.

La juridiction de proximité saisie n'est pas de cet avis et rejette l'argumentation de la banque qu'elle condamne à payer 3 300 euros à la cliente en remboursement de la somme prélevée sur son compte et à 1 € symbolique de dommages-intérêts. Pour décider ainsi, le juge de proximité estime que les informations relatives à la carte de paiement ont été certes volontairement communiquées, mais qu'elles ont été détournées à l'insu de la cliente, le correspondant s'étant présenté sous une fausse identité et que ni le code confidentiel ni le code « 3D Secure » n'avaient été communiqués, de sorte qu'il ne peut lui être reproché la violation de l'article L. 133-16 du Code monétaire et financier.

Cette décision du juge de proximité est cassée au visa des articles L. 133-16 et L. 133-19 du Code monétaire et financier, en ces termes :

« Qu'en se déterminant ainsi, sans rechercher, au regard des circonstances de l'espèce, si Mme X... n'aurait pas pu avoir conscience que le courriel qu'elle avait reçu était frauduleux et si, en conséquence, le fait d'avoir communiqué son nom, son numéro de carte bancaire, la date d'expiration de celle-ci et le cryptogramme figurant au verso de la carte, ainsi que des informations relatives à son compte SFR permettant à un tiers de prendre connaissance du code “3D Secure” ne caractérisait pas un manquement, par négligence grave, à ses obligations mentionnées à l'article L. 133-16 du Code monétaire et financier, la juridiction de proximité a privé sa décision de base légale. »

Selon la Cour de cassation, le juge de proximité aurait dû rechercher si la titulaire de la carte n'avait pas eu conscience du risque de fraude en communiquant à l'escroc les éléments ayant permis de commettre son forfait. Le problème serait donc de caractériser cette conscience ou son absence, compte tenu des circonstances, l'appréciation devant donc se faire *in concreto*.

La négligence grave de la titulaire de la carte sera donc retenue selon cette appréciation.

Ces arrêts sont à rapprocher de celui de la Chambre commerciale en date du 28 mars 2018 (n° FS-P+B, n° 16-20.018, Dalloz actualité, 10 avril 2018, obs. X. Delpech).

En l'espèce, le fraudeur avait obtenu de la titulaire de la carte des informations concernant les données confidentielles de l'instrument et avait ainsi fait débiter le compte de l'intéressée à son profit. C'est la pratique bien connue du « hameçonnage » ou « *phishing* ». Comme d'habitude dans ces cas, la titulaire de la carte avait assigné la banque en remboursement des sommes frauduleusement débitées sur son compte, en invoquant l'article L. 133-19 CMF selon lequel « en cas d'opération de paiement non autorisée consécutive à la perte ou au vol de l'instrument de paiement, le payeur [c'est-à-dire le titulaire de la carte] supporte, avant l'information prévue à l'article L. 133-17 [l'opposition adressée par le titulaire de la carte à sa banque], les pertes liées à l'utilisation de cet instrument, dans la limite d'un plafond de 150 € […] ».

Or, la banque lui a opposé la seconde partie de l'article L. 133-19 qui précise que « le payeur supporte toutes les pertes occasionnées par des opérations de paiement non autorisées si ces pertes résultent d'un agissement frauduleux de sa part ou s'il n'a pas satisfait intentionnellement ou par négligence grave aux obligations mentionnées aux articles L. 133-16 et L. 133-17 ».

D'où le problème de savoir si la titulaire de la carte avait commis une négligence grave à ses obligations de conservation des données confidentielles de la carte en les communiquant au fraudeur dans les conditions relevées par le juge du fond. Or, ce dernier avait relevé que la titulaire de la carte « a été victime d'un hameçonnage, ayant reçu des courriels successifs portant le logo parfaitement imité [de sa banque] accompagnés d'un "certificat de sécurité à remplir attentivement" qu'elle a scrupuleusement renseigné, allant même jusqu'à demander à la banque la communication de sa nouvelle carte de clefs personnelle pour pouvoir renseigner complètement le certificat litigieux ».

Cassant l'arrêt ayant pourtant condamné la banque, la Cour de cassation décide que **« manque, par négligence grave, à son obligation de prendre toute mesure raisonnable pour préserver la sécurité de ses dispositifs de sécurité personnalisés, l'utilisateur d'un service de paiement qui communique les données personnelles de ce dispositif de sécurité en réponse à un courriel qui contient des indices permettant à un utilisateur normalement attentif de douter de sa provenance, peu important qu'il soit, ou non, avisé des risques d'hameçonnage »**. La banque a donc obtenu gain de cause au cas d'espèce.

Le cas de l'utilisation frauduleuse à l'insu du titulaire de la carte – Dans ce cas, le titulaire de la carte est en possession de sa carte, mais son compte a pourtant été débité d'une opération qu'il n'a pas effectuée. Cette situation est courante dans le cadre des paiements à distance ou en cas de contrefaçon de la carte, le faussaire copie des données d'une carte pour la fabriquer illégalement à l'aide d'une carte vierge.

La contrefaçon est expressément visée par l'article L. 133-19, II, al. 2 CMF : la responsabilité du payeur (titulaire de la carte) « n'est pas engagée non plus en cas de contrefaçon de l'instrument de paiement si, au moment de l'opération de paiement non autorisée, le payeur était en possession de son instrument. En somme, c'est la banque qui doit supporter le risque de la contrefaçon, sauf cas d'agissement frauduleux ou de négligence grave de la part du titulaire de la carte ».

BIBLIOGRAPHIE INDICATIVE

AKAM AKAM (A.), « Droit des procédures collectives et d'apurement du passif », Recueil des cours de l'ERSUMA, 2004-2012, 1re éd., 2013.

ANOUKAHA F. (dir.), « Les grandes décisions de la jurisprudence pénale camerounaise », Bamenda, 2020.

ANOUKAHA F. (dir.), « Les grandes décisions de la jurisprudence pénale camerounaise », SOPECAN, Yaoundé, 2018.

ANOUKAHA F., OLINGA A. D. (dir.), *L'obligation. Études offertes au professeur Paul-Gérard Pougoué*, L'Harmattan-Cameroun, Yaoundé, 2015.

BATIMENT (J.), *La défaillance de paiement et sa protection : l'assurance-crédit*, LGDJ, Paris, 1991.

BRUNO (D.), *Droit des sociétés*, 7e éd., Dalloz, 2022.

CAMPANA (M.-J.), « Droit des entreprises en difficulté (Paris 8) », in *Droit de l'entreprise, l'essentiel pour comprendre*, Lamy, 2004.

CHAPUT (Y.), *De la faillite à la gestion des difficultés des entreprises*, PUF, 1999 ; *Droit de redressement et de liquidation judiciaires des entreprises*, PUF, 2e éd., 1990.

CONTAMINE (R.), *Droit bancaire*, 6e éd., 1995, Précis Dalloz.

COCQUELET (M.-L.), *Entreprises en difficulté, instruments de paiement et de crédit*, Dalloz, Coll. « Hypercours », 6e éd., 2017.

CORNU (R.), *Vocabulaire juridique*, 13e éd., PUF, 2021.

COURET (A.), « Prévention et traitement des difficultés : les nouvelles règles », in *Les réformes du nouveau droit des entreprises*, Montchretien, 1995.

COUTURIER (G.), *Droit des sociétés et droit des entreprises en difficulté*, LGDJ, 2013.

DELEBECQUE (Ph.) et GERMAIN (M.), *Droit commercial*, tome 2, LGDJ, 17e éd., 2004.

DOMINIQUE (L.), *Droit commercial et des affaires*, 28e éd., Sirey, 2022.

DUPOUY (C.), *Le droit des faillites en France avant le Code de commerce*, Paris, LGDJ, 1960.

ESCARRA (J.), *Cours de droit commercial*, Nouvelle éd. Paris, Recueil Sirey, 1952.

GAEL (P.), *Droit des sûretés*, 15e éd., Gualino, 2022.

GAUTHIER (P.-Y.), *Méthodes d'interprétation en droit des affaires, Livre du bicentenaire du Code de commerce*, Dalloz, 2007.

JEAN-BAPTISTE (S.), *Droit des sûretés*, 10e éd., Dalloz, 2021.

JEAN-PIERRE (L.-G.) CAROLINE (R.), *Droit commercial. Notions générales*, 17e éd., Dalloz, 2018.

LAETITIA (A.-C.) LAURENT (C.-H.), *Droit des entreprises en difficulté*, 3e éd., Gualino, 2021.

LAURENT (A.) PIERRE (C.) AUGUSTIN (A.), *Droit des sûretés*, 15e éd., LGDJ, 2022.

MICHEL (M.), *Droit commercial et des affaires*, 14e éd., Gualino, 2022.

PHILIPPE (P.), *Procédures collectives*, 9e éd., Dalloz, 2018.**PHILIPPE (P.),** *Procédures collectives*, 10e éd., Dalloz, 2022.

PHILIPPE (M.) PIERRE-YVES (G.), *Droit des contrats spéciaux*, 11e éd., LGDJ, 2021.

PHILIPPE (M.) LAURENT (A.) PHILIPPE (S.-M.), *Droit des obligations*, 11e éd., LGDJ, 2021.

PHILIPPE (M.) MAXIME (J.), *Droit des biens*, 9e éd., LGDJ, 2022.

RÉGINE (B.) MYRIAM (R.), *Instruments de crédit et de paiement. Introduction au Droit bancaire*, 14e éd., LGDJ, 2022.

STÉPHANIE (P.-S.), *Droit des obligations*, 14e éd., Dalloz, 2022.

STÉPHANE (P.), *Instruments de crédit et de paiement*, 11e éd., 2021.

VÉRONIQUE (M.), *Droit des sociétés*, 9e éd., Dalloz, 2020.

TABLE DES MATIÈRES

Structures éditoriales du groupe L'Harmattan

L'Harmattan Italie
Via degli Artisti, 15
10124 Torino
harmattan.italia@gmail.com

L'Harmattan Hongrie
Kossuth l. u. 14-16.
1053 Budapest
harmattan@harmattan.hu

L'Harmattan Sénégal
10 VDN en face Mermoz
BP 45034 Dakar-Fann
senharmattan@gmail.com

L'Harmattan Cameroun
TSINGA/FECAFOOT
BP 11486 Yaoundé
inkoukam@gmail.com

L'Harmattan Burkina Faso
Achille Somé – tengnule@hotmail.fr

L'Harmattan Guinée
Almamya, rue KA 028 OKB Agency
BP 3470 Conakry
harmattanguinee@yahoo.fr

L'Harmattan RDC
185, avenue Nyangwe
Commune de Lingwala – Kinshasa
matangilamusadila@yahoo.fr

L'Harmattan Congo
67, boulevard Denis-Sassou-N'Guesso
BP 2874 Brazzaville
harmattan.congo@yahoo.fr

L'Harmattan Mali
ACI 2000 - Immeuble Mgr Jean Marie Cisse
Bureau 10
BP 145 Bamako-Mali
mali@harmattan.fr

L'Harmattan Togo
Djidjole – Lomé
Maison Amela
face EPP BATOME
ddamela@aol.com

L'Harmattan Côte d'Ivoire
Résidence Karl – Cité des Arts
Abidjan-Cocody
03 BP 1588 Abidjan
espace_harmattan.ci@hotmail.fr

Nos librairies en France

Librairie internationale
16, rue des Écoles
75005 Paris
librairie.internationale@harmattan.fr
01 40 46 79 11
www.librairieharmattan.com

Librairie des savoirs
21, rue des Écoles
75005 Paris
librairie.sh@harmattan.fr
01 46 34 13 71
www.librairieharmattansh.com

Librairie Le Lucernaire
53, rue Notre-Dame-des-Champs
75006 Paris
librairie@lucernaire.fr
01 42 22 67 13

www.ingramcontent.com/pod-product-compliance
Lightning Source LLC
LaVergne TN
LVHW010947061026
849535LV00007B/2599
* 9 7 8 2 3 4 3 2 5 3 7 5 6 *